聊天是个技术活

刘川　编著

天津出版传媒集团
天津人民出版社

图书在版编目（CIP）数据

聊天是个技术活 / 刘川编著 . —天津 ：天津人民出版社，2018.8

ISBN 978-7-201-12727-9

Ⅰ . ①聊… Ⅱ . ①刘… Ⅲ . ①语言艺术 — 通俗读物 Ⅳ . ① H019-49

中国版本图书馆 CIP 数据核字（2017）第 300884 号

聊天是个技术活

LIAOTIAN SHIGEJISHUHUO

出　　版　天津人民出版社
出 版 人　黄　沛
地　　址　天津市和平区西康路35号康岳大厦
邮　　编　300051
邮购电话　（022）23332469
网　　址　http：//www. tjrmcbs. com
电子信箱　tjrmcbs@126.com

责任编辑　刘子伯
装帧设计　一个人·设计

印　　刷　北京溢漾印刷有限公司
经　　销　新华书店
开　　本　710×1000毫米　1/16
印　　张　16
字　　数　223千字
版次印次　2018年8月第1版　2018年8月第1次印刷
定　　价　39. 80元

前言

这是一个注重沟通的时代。

在成功学上，人际沟通是当前个人成功最有用的基本技能之一，我们的生活、工作、事业、爱情等等，无一可以缺少沟通，沟通就是人际资源。目前，全世界都有一种普遍的说法：一个人的成功，15%–20% 靠的是自身能力，另外 80%–85% 是什么？是人际资源。那么维护良好的人际关系又靠什么？靠的就是沟通。而聊天，是沟通中使用最多也是最重要的互动工具，所以拥有聊天力，就等于拥有了强大的生存能力。

会聊天能让你变得更好，将你原本就拥有的魅力发挥得淋漓尽致；会聊天能让你给身边人以安心感和信赖感，进而赢得更多的机会；会聊天能让你将生存、发展、壮大的绝对前提——社会性与沟通能力，变成你的个人能力。

那么，你要不要从现在开始学习聊天力？你可能觉得小题大做，因为说话聊天貌似再平常不过，但事实并非如此。

聊天有讲究，说话有学问，每个人每天都在说话、聊天，但并不是每个人都会说话、会聊天。一个精于语言运用的人，每一句话都能让人如沐春风，从里到外的温暖；而不会讲话的人，一张嘴就让人如坠冰窟，不但让别人受不了，还可能将自己推向尴尬甚至不利的境地。

如果你不会聊天，你只能羡慕别人谈笑风生；

如果你不会聊天，你只能眼气别人受到重用；

如果你不会聊天，你一定孤独、寂寞、冷！

如果你语商低、表达不到位、经常被误会，人际关系不融洽、个人魅力不突出、事业发展不顺遂，就赶快学习“聊天”这门技术活吧！

它将帮助你消除“无聊”时的尴尬、改变人际氛围、缩短心理距离，为你赢得别人的喜爱、信赖，人际关系和工作、个人情感和事业都会就此一路顺风。只需用心领悟，改变就在眼前。只要摸透规则，不善言谈的人也能变得精于聊天。

《聊天是门技术活》内容精粹，语言流畅，通过通俗的故事事例，向大家介绍了极普遍、特实用、全方位的聊天技巧。这些中国式口才知识，一定能帮助你更加充分地掌握语技，大幅度提升语言表达能力。

目录

初阶：创造聊天条件，这样聊天不冷场

第11章 销售有绝招：如何引导客户轻松成交 / 180

第12章 职场有分寸：如何在办公室左右逢源 / 200

创造聊天条件，这样聊天不冷场

第1章 巧开场，3分钟亲近陌生人

很多社交活动都被那些陈词滥调拖入冷场，这是你应该避免的。不能吸引别人注意力并激发其谈话兴趣的任何说话，都只能归结为废话。好的开场，是保证别人能够听你说话、和你畅聊的基础。

先来段闪耀的自我介绍

在日常的人际交往中，初次见面的人总免不了要做自我介绍。自我介绍最基本的要求是大方得体，根据具体情况安排自我介绍的内容。

进行自我介绍，首先要大方得体。

一般来说，在做自我介绍时，要充满自信，亲切自然，目光正视对方，语言简洁清晰，语速不急不缓。

自我介绍的内容，要根据交际目的、所处场合以及交际对象而定，要有鲜明的针对性。

在一般性的社交场合，如果你并没有和对方深入交往的愿望，做自我介绍时只需要向对方表明自己的身份。这时，你可以只介绍自己的姓名，如“您好，我叫张三”或“我是张三”。有时，也可对自己的姓名的写法做些解释，如“我叫陈亮，耳东陈，明亮的亮”。如因公务、工作需要与人交往，自我介绍应包括姓名、单位和职务，无职务可介绍从事的具体工作。如“我叫张三，是李四公司的销售经理”。如果你希望新结识的对象能记住自己，并且有进一步的沟通和交往，做自我介绍时，除介绍自己的姓名、单位、职务外，还可以提及与双方共同的熟人或与对方相同的兴趣爱好等。

若在讲座、报告、庆典、仪式等正规隆重的场合向出席人介绍自己时，还应加一些适当的谦辞和敬语。

要想给人留下深刻的印象，自我介绍就要“出彩”，下面就介绍几种具体的方法：

（1）自嘲容貌

陶志是一个个子不高、戴着眼镜的电视节目主持人。他在向大家介绍自己时是这样说的：“单看咱这形象，不如在电视中那么闪闪发亮，眼不大还有点近视，但这丝毫不影响我的睿智与远见；耳朵虽小，更提醒我要耐心倾听观众的心声；嘴巴也不气派，正说明我不夸夸其谈，唢呐和号角的孔都不大，但同样能怒吼与呐喊；个子虽然矮小了点，可潘长江先生说过：‘浓缩的都是精华。’有人说缺点在一定条件下也会成为优点，这话难免有些夸张，但‘缺点在一定条件下会成为特色’则是毋庸置疑的。”

陶志没有使用“老掉牙”的方式来介绍自己，而是借自嘲容貌的方式，把一个形象生动、个性鲜明的自己推到了听者面前，自然地让人对他一见难忘。

（2）自我揭短

大学毕业后，陈志进了距本县数百里外的某县公安局刑警队工作。不久，领导给他介绍了一个在该县一所中学教学的女朋友。第一次约会时，胡志明没有像别的青年那样在对方面前竭力展现自己的优点，而是“反其道而行之”，来了个“自我揭短”。胡志明向对方这样介绍自己：“我这个人找对象存在三大不利因素：一是我家不在这里，办事不如本地人方便；二是我中等身材，相貌平平，有点对不起观众；三是我在刑警队工作，经常加班加点，与我谈对象恐怕要做出一些牺牲。”胡志明的一番话使姑娘看到了他的真诚与豁达，顿生好感，她不由地微笑说：“你这个人靠得住，这比什么都强。”胡志明的第一次约会获得成功，双方由此建立了恋爱关系。

在和姑娘初次见面时，陈志在自我介绍中没有一味地表白自己的优点和特长，而是“反其道而行之”，来了个“自我揭短”，反而给姑娘留下了真诚、可靠的印象，赢得了姑娘的芳心。

（3）巧解自己的姓名

自我介绍首先要介绍自己的名字，并对“姓”和“名”加以解释，你解释得越巧妙，别人对你的印象就越深。这可以反映一个人的知识水平和性格修养，也可以体现一个人的口才。

一个人的姓名，往往有丰富的文化积淀，或折射出凝重的史实，或反映时代的乐章，或寄寓双亲对子女的殷切厚望。因之，巧解姓名有时也令人动情，加深印象。

在全国“荣事达”杯节目主持人大赛中，一个名叫潘望的主持人是这样自我介绍的：“我叫潘望，早在孩提时代，我那只有小学文化的军人爸爸和教小学的妈妈就轮番地叮嘱我：‘望儿，你可是咱们家的希望啊！’为了不辱使命，肩负着双亲的重托，我脚踏实地、一步一个脚印地走来，直到今天，走到这个国家级的最高赛场，但愿教师们能给我这只盼望飞翔的鸟儿插上奋飞的翅膀。”

在潘望的介绍中，父母的心愿并列呈现，谁不为之心动？

（4）借与名流相比加深印象

曹菲是一名记者，在一次“记协”聚会上，由于大部分人是第一次见面，曹菲这样自我介绍：“我喜欢写诗，可写不过舒婷；我喜欢唱歌，可唱不过毛阿敏；我喜欢主持节目，她俩可能比不过我……”这么一说，就会使别人感到她颇为幽默。

曹菲巧妙地把自己与名人相比，既显示了自己的才能，又显示了语言幽默的特点，博得了大家的好感。

（5）借助地域

通过介绍家乡地域风情景物名优特产的某些特性，巧妙地烘托自己的个性，也是一个好方法。如果地域、家乡名优特产突出，就应从中推衍、阐发出与自己个性相关的内容；如果特产不明显，不特殊，那就挖掘地方特色，将地方特色与自己的个性巧妙结合起来。

一个来自云南的演讲员这样介绍自己：“尊敬的评委老师，我来自云南。也许老师们会感到惊诧，‘云南是阿诗玛的故乡，是个佳丽辈出的地方’，但是老师们千万别忘了，云南也是大理石的故乡，相信老师们能从我身上看见大理石的朴实、厚重与刚强。”

这个演讲员以云南盛产大理石这一特产为生发的对象，由大理石的性质、特性引申到自己身上的“朴实、厚重与刚强”，显然自然贴切，不露痕迹，突出了自己的性格、本色和特征。

自我介绍也是一门学问，得体是基本要求，“出彩”是关键。自我介绍要独辟蹊径，从出人意料的独特的角度，采用生动活泼的语言把自己介绍给别人。出色的自我介绍让你在初次“亮相”时就撞出个

"碰头彩"，使你在与陌生人的交往中更有吸引力，增强别人想要与你交往的愿望。

称呼对了，别人对你的印象就好了

称呼是指在社交中人们彼此之间所采用的称谓语。有人可能会说，谁不会称呼别人呀？其实，这里面还是大有学问的。如何称呼别人，既是礼貌问题，又是态度问题。而且对称呼得当与否，人们还是相当敏感的。在与陌生人的初次交往中，称呼甚至能决定交际的成败。称呼得当，人家自然乐意与你交往；称呼不当，就会给交流设置障碍，从而导致交际的失败。

那么，如何在交际中恰到好处地称呼别人呢？一般要注意以下七个关系：

（1）地区关系

中国幅员辽阔，方言土语繁多，即使同一个称呼，也因地区不同而含义迥然。比如"侉子"这个称呼，南方有些地区指体魄健壮的男子，是敬重夸赞的称呼，而北方人习惯于把"侉子"与粗俗野蛮联系在一起。所以，来到异地他乡，不了解当地的方言土语，还是以"同志"相称较为妥当。

（2）时代关系

有些称呼带有旧时代的烙印，有剥削阶级思想意识的痕迹。比如

“剃头的”“伙夫”“戏子”之类，都有轻蔑的含义，应该淘汰，而改称理发员（或理发师傅）、“炊事员”（或厨师）、“演员”（或文艺工作者）等。

不过另有一些称呼，如“先生”“小姐”“阁下”“陛下”，在某些场合使用起来还是很得体的。由于各国社会制度不同，在外事交谈中，称呼的使用要顺应其他国家的习惯。

（3）等级关系

当代社会中的等级关系，虽然不同于森严的封建等级，但是用合适的称呼体现出上下长幼，以示亲切或尊敬，也是必要的。对年长者、知名人士要用尊称；对上级领导者或其他单位负责人可称其职务；对职务低于自己的，也要选择有敬重含义的称呼，一般不宜直呼其名。

（4）场合关系

同一个称呼，在有些场合中使用就合适，换一个场合就不合适。比如在一般场合叫“爷爷”“妈妈”，自然而亲切，叫“祖父”“母亲”，就生硬别扭；如果在一些比较庄重的场合，则以后者为宜。又如，一个人兼有几种身份，对他的称呼也要因时因地而定。

（5）褒贬关系

有的称呼本身就带有明显褒奖的感情色彩，如“老厂长”“老模范”“老同志”等。称呼别人的绰号，有时有亲切感，如陈赓将军就喜欢别人称他为“小木瓜”（头脑迟钝者）等；以别人生理缺陷为绰号，是对别人人格的侮辱，是缺乏教养的表现。在恋人的称呼中，常有“傻瓜”“坏蛋”之类，不但不会引起反感，反而极其喜欢，这是表达特殊感情的特殊称呼。

（6）心理关系

同样的称呼，有人乐于接受，有人则讳莫如深。渔民忌“沉”字，假如他正好姓陈，你若“老陈老陈”叫个没完，他肯定会不高兴。同样是 30 岁的人，有人乐于被称为“老张”“老李”，而对于正在寻找伴侣的 30 岁的人，不妨叫他“小张”“小李”。曹禺剧作《日出》的顾八奶奶，唯恐别人说她老，不识相的福生当她面说：“怪不得她老人家听腻了，您想，她老人家脾气也是躁一点，再者……”没等说完，惹得顾八奶奶火冒三丈，呵斥道：“去！去！去！什么‘她老人家、她老人家’的，我瞅见你就生气，谁叫你进来给我添病？”可见，称呼的不妥，会引起对方的不快，必将会影响交谈的效果。

（7）主次关系或先后关系

在同时需要对不止一个人进行称呼时，一般来说应有个顺序，先长后幼、先上后下、先疏后亲。周总理 1972 年 2 月 21 日宴请尼克松一行时的讲话，开头是这样的：“总统先生、尼克松夫人，女士们、先生们、同志们、朋友们！”这一系列称呼，既恰当，又排列有序。

恰当的称呼还应考虑对方的身份。比如，一位在田里赤膊劳动的上年纪的农夫，你称他为“老大爷”较为适宜。若称之为“老先生”，似乎就含有讽刺意味。反之，在校园中，遇到一位夹着讲义从教研室出来的上年纪的女教师，你若称她“老大娘”，也容易引起对方的反感。

只要我们对以上的事项加以注意，就能在和陌生人初次交往时显得得体、有分寸。

一般来说，在比较正式的社交场合，称呼陌生男子，不论其婚否，可统称其为“先生”；称呼陌生女子，则应根据其婚姻状况给予不同的称呼：称呼已婚女子，用其夫姓称呼其为“X 太太”，如果对方身份较高，则应称之为“夫人”；称呼未婚女子，应统称为“小姐”；如果不清楚对方的婚姻状况，最好还是称呼对方“小姐”或“女士”比较稳妥，不管她是 16 岁还是 60 岁。称呼新结识的教育界、文艺界的人，一般可敬称为“老师”。在非正式场合向陌生人问讯时，为了表示亲近，可以用亲属的称谓称呼对方，如“叔叔”“阿姨”“老伯伯”“老奶奶”等。

在与陌生人初次见面时，恰当准确的称呼至关重要。这样不仅能够体现对对方的尊敬或与对方的亲密程度，还能反映出自身的文化素质，从而迅速地拉近双方之间的距离。所以，在这一点上我们必须有所注意。

开场白讲究的是如何“抓心”

在社会生活中，我们经常与人打交道。初次见面时给人的第一印象最为关键。两个萍水相逢的人，要想在短时间内消除彼此之间的陌生感、拉近彼此之间的距离，说好第一句话至关重要。在交谈中，这第一句话也就是你的开场白。可以说，说好了开场白，你也就拥有了一把打开别人心扉的钥匙。

下面介绍几种开场白，只要你能灵活掌握、运用，就能在聊天时收到立竿见影的奇效。

（1）攀亲认友

一般来说，对任何一个素不相识的人，只要事前做一番认真的调查研究，你都可以找到或明或隐、或近或远的亲友关系。而当你在和陌生人见面时，如果能够及时拉上这层关系，就能使对方产生亲切感，一下子缩短双方之间的距离。

三国时代的鲁肃就是一位攀亲认友的能手。他跟诸葛亮初次见面时的第一句话就是：“我是你哥哥诸葛瑾的好朋友。”这一句话就使交谈双方心心相印，为孙权跟刘备结盟共同抗击曹操打下了基础。有时，对异国初交者也可采用攀亲认友的方式。1984 年 5 月，美国里根总统访问上海复旦大学。在一间大教室里，面对一百多位初次见面的复旦学生，里根总统的开场白就紧紧抓住彼此之间还算“亲近”的关系：“其实，我和你们学校有着密切的关系。你们的谢希德校长同我的夫人南希，都是美国史密斯学院的校友呢。照此看来，我和各位自然也就都是朋友了！”此话一出，全场鼓掌。

短短的两句话就使一百多位黑发黄肤的中国大学生把这位碧眼高鼻的“洋”总统当成了十分亲近的朋友。接下去的交谈自然十分热烈，气氛极为融洽。你看，里根总统这段开场白设计得多么巧妙！

（2）扬长避短

人人都有长处，也都有短处。一般来说，人们都希望别人多谈自己的长处，不希望别人多谈自己的短处，这是人之常情。跟初识者交谈时，如果以直接或间接赞扬对方的长处作为开场白，就能使对方高兴，并对你产生好感，双方交谈的积极性也就可以得到极大的激发。反之，如果有意或无意地提及对方的短处，对方的自尊心就会因此受到伤害，就会感到扫兴，感到“话不投机半句多”。

日本作家多湖辉所著的《语言心理战》一书中记述了这样一件趣事：被誉为“销售权威”的霍依拉先生的交际诀窍是：初次交谈一定要扬人之长、避人之短。有一回，为了替报社拉广告，他去拜访梅伊百货公司的总经理。一番寒暄之后，霍依拉突然发问：“您是在哪儿学会开飞机的？总经理能开飞机可真不简单啊。”话音刚落，总经理兴奋异常，谈兴勃发，广告之事当然不在话下，霍依拉还被总经理热情地邀请去乘他的自备飞机呢！

（3）表达友情

用三言两语恰到好处地表达你对对方的友好情意，或肯定其成就，或赞扬其品质，或欢迎其光临，或同情其处境，或安慰其不幸，就会顷刻间温暖对方的心田，使对方油然而生一见如故、欣逢知己的感觉。

初次见面时交谈可以达到这种程度，跟从未见过面者电话交谈时适当地表情达意同样能使对方感动不已。

美国爱荷华州的文波特市，有一个极具人情味的服务项目——全天候电话聊天。每个月有近两百名孤单寂寞者使用这个电话。主持这个电话的专家们最得人心的是第一句话：“今天我也和你一样感到孤独、寂寞、凄凉。”这句话表达的是对孤单寂寞者的充分理解之情，因而产生了强烈的共鸣作用，难怪许多人听后都愿意把自己的知心话向主持人倾诉。

（4）添趣助兴

用风趣活泼的三言两语就可以扫除跟陌生人交谈时的拘束感和防卫心理，达到活跃气氛、增添对方的交谈兴致的目的。

要用三言两语就惹人喜爱、使人感觉一见如故，关键的功夫要花在见面交谈之前。在上面所讲的事例中，人们之所以能获得成功，除了拥有高超的语言技巧之外，无一不是在见陌生人之前就早已了解他的大概情况。

美国前总统富兰克林·罗斯福跟任何一位来访者交谈，不管是牧童还是教授，不管是经理还是政客，他都能用三言两语赢得对方的好感。他的秘诀就是：在接见来访者的前一晚，必定花费一定的时间去了解来访者的基本情况，特别是来访者最感兴趣的题目。这样，在见面交谈时就能有的放矢。

说好你的开场白，能够赢得对方的好感，迅速地拉近彼此之间的距离，甚至让对方对你产生一见如故的感觉。说好你的开场白，就相当于为双方进一步的交往和交流开了个好头。

会寒暄，就能快速消除陌生感

在社交中，寒暄是一种很重要的礼节。有人认为，寒暄只是人们碰面时打个招呼而已。而事实上，对于初次见面的人来说，寒暄的内容和方法是否得当，很有可能决定交际的成败。陌生人初次见面时，常常无话可说，为了消除彼此之间的陌生感、缓解紧张气氛，可以先谈一些与正事无关的但大家都熟知的话题，比如天气、社会新闻等等，这样一来，就能迅速地拉近彼此之间的距离，营造出一种亲切友好的气氛，为之后深入的交流沟通打下良好的基础。

寒暄看似简单，也没有什么固定的程式，但要恰到好处地运用并充分发挥其作用，却要花点工夫。那么，面对陌生人，如何恰如其分、颇有成效地进行寒暄呢？

（1）寒暄要积极主动

在与陌生人寒暄之前，要迅速培养自己的愉快情绪，积极主动地跟对方寒暄。这样不但能表现出你对陌生人的尊重，还能向陌生人充分地展现自己真诚和进一步交谈的良好欲望。同时，积极的姿态也能充分地展现你富有自信、易于合作的个性。

（2）寒暄时要有礼貌

在与人初次见面的时候，礼貌的寒暄是必不可少的。在寒暄时表现得谦恭有礼，说话文雅礼貌，才能给初识的人留下一个良好的印象。

（3）要善于选择话题

社会学家的研究表明，在陌生人相见的最初四分钟里，只适宜做一般性的寒暄，比如问候、互通姓名等等，以及谈论一些无关紧要的话题。此时，应绝对避免提出易于争议性话题、不易回答的问题以及大而无当的话题。寒暄的基本原则是表现出自己的亲和力，让人感觉到自己的关心。

（4）要注意寒暄时的表情、姿势和语气

微笑在社交中的重要作用是众人皆知的。所以，在寒暄时，一定不要忘记展露你真诚的笑颜。此外，还要注意保持优雅的姿势，上身挺直，和对方保持目光的接触。

寒暄时的语气要轻松而柔和，富有感情，就像家中茶余饭后的闲谈一样，让对方消除戒备的心理和紧张不安的情绪。

（5）不要忘记及时转入正题

在成功地营造出融洽的气氛之后，要及时转入正题。因为适当的寒暄可以缓和、营造气氛，而过多的寒暄则会让别人觉得你热情过度，从而引起别人的反感，影响交流的效果。

寒暄本身并不正面表达特定的意义，但它是交际中不可或缺的一部分。寒暄就像一把打开话匣子的钥匙，寒暄能使不相识的人相互认识，使不熟悉的人相互熟悉，使沉闷的气氛变得活跃。在正式交谈开始之前，几句恰到好处的寒暄，能够在短短几句话中，表露出你对初次见面的人的关心，很快赢得陌生人的好感，获得陌生人的认同，达到沟通感情的目的，并有利于顺利地进入正式交谈。

闲谈三两句，气氛一团和气

别以为闲谈就是扯闲篇，社交活动中，会闲谈才能进一步去交谈，正如心理学家詹姆士所说："与人交谈时，若能做到思想放松、随随便便、没有顾虑、想到什么就说什么，那么谈话就能进行得相当热烈，气氛就会显得相当活跃。"所以，我们即便说得不好也不要紧，就按自己的实际水平去说，或许灵机一闪就能说出有趣、机智的话语来。

其实，除了一些业务性质的交谈一开始就要进入正题之外，一般社交性质的谈话多半是从"闲谈"开始的。不过有些人并不喜欢"闲谈”，他们觉得“今天天气还不错”和“吃过早饭了吗”这一类的话，都是无聊的废话，他们不喜欢谈，也不屑于谈，他们并不知道像这一类看似毫无意义的话，实际上还有着一定的作用——即，交谈前的准备工作，这就像在踢足球之前，蹦蹦跳跳，伸手伸脚，做一些柔软体操或热身运动一样。

所以，当交谈开始的时候，我们不妨先谈谈天气，而天气几乎是中外人士最常用的、普遍的场面话。天气对于人类生活的影响太密切了，天气很好，不妨同声赞美；天气太热，也不妨交换一下彼此的苦恼；如果有什么台风、暴雨或是季节流行病的消息，更值得拿出来谈谈，因为那是人人都关心的。

事实上，与人交谈的确是需要相当的经验，当我们面对着各式各样的场合，面对着各式各样的人物，要能做得恰到好处，实在不是一件容易的事。倘若交谈开始得不好，就不能继续发展互相之间的交往，而且还会使得对方感到不快，给对方留下不好的印象。

自然、亲切有礼、言词得体是最重要的。然而做到这一点，也不能说就一定会收到良好的效果。因此，平时除了你所最关心、最感兴趣的问题之外，还要多储备一些和别人“闲谈”的资料。这些资料往往应轻松、有趣，容易引起别人的注意。

除了天气之外，我们还给大家列举了一些常用的闲谈资料，如下所示：

（1）自己闹过的有些无伤大雅的笑话。例如，买东西上当啦，语言上的误会啦，或是办事摆了个乌龙啦等等，这一类的笑话，多数人都爱听。如果把别人闹的笑话拿来讲，固然也可以得到同样的效果，但对于那个闹笑话的人，就未免有点不敬。讲自己闹过的笑话，开开自己的玩笑，除了能够博人一笑之外，还会使人觉得这个人很随和，很容易相处。

（2）惊险故事。特别是自己或朋友亲身经历的惊险故事，最能引起别人的注意。人们的生活常常不是一帆风顺的，每天大家照常吃饭，照常睡觉，可是忽然大祸临头了，或是被迫到一个很远的地方，路上可能遭遇到很多危险……怎样应付这些不平常的局面，怎样机智地或是幸运地在间不容发的时候摆脱危险，是任何人永远都不会漠视的题材。

（3）健康与医药，也是人人都有兴趣的话题。谈谈新发明的药品，介绍著名的医生，对流行病的医疗护理，自己或亲友养病的经验，怎样可以延年益寿，怎样可以塑身，怎样可以减肥……这一类的话题，不但能吸引人的注意，而且实在对人有很大的好处。特别是遇到自己或家人健康有问题的时候，假如你能向他提供有价值的意见，那他更是会对你非常感激的。事实上，有哪一个人、哪一个家庭没有这方面的问题呢？

（4）家庭问题。关于每个家庭里需要知道的各方面的知识，例如儿童教育、购物经验、夫妇之间怎样相处、亲友之间的交际应酬、家庭布置……这一切，也会使多数人发生兴趣，特别是对于家庭主妇们而言。

（5）运动与娱乐。夏天谈游泳，冬天谈溜冰，其他如足球、羽毛球、乒乓球，都能引起人们普遍的兴趣。娱乐方面像钓鱼、听唱片、看戏，什么地方可以吃到著名的食品，怎样安排假期的节日……这些都是一般人饶有兴趣的话题。特别是有世界著名的音乐家、足球队前来表演的时候，或是有特别卖座的好戏、好影片上演的时候，这些更是热闹的闲谈资料。

（6）轰动一时的社会新闻也是热闹的闲谈资料。假使你有一些特有的新闻或特殊的意见和看法，那足够把一批听众吸引在你的周围。

（7）政治和宗教。这两方面的问题，倘若你遇到的人，大家在政治上的见解颇为接近，或是具有共同的宗教信仰，那么这方面的话题，就变成最生动、最热烈、最引人入胜的了。

（8）笑话。当然，人人都喜欢笑话，假如你构思了大量各式各样的笑话，而又富有说笑话经验的话，那你恐怕是最受人欢迎的人了。

当然，闲谈也是要掌握尺度的，既不能忽视闲谈这一“开场白”的重要性，也不能“鸠占鹊巢”，让闲谈成为沟通的主体。闲谈的内容可以包罗万象，但也不能随心所欲，一些不合时宜或是敏感的话题要避免提及，以免破坏原本融洽的气氛，令彼此不欢而散。

让人说得痛快，你们就聊得痛快

人们都喜欢自己说，而不喜欢别人说话；同时也往往更喜欢谈论自己的事情，并且在没有完全了解别人的情况下，就对别人盲目下判断，这样便造成了人际交往中双方难以沟通的情况，构成交流的障碍和困难，更有甚者会造成双方的冲突和矛盾。

卡内基的名声远播到欧洲，欧洲的有些地方就邀请他去作演讲，卡内基有了一次欧洲之行。

从欧洲回来之后，一天，卡内基的朋友邀请他参加桥牌晚会。在这个晚会上，只有卡内基和另外一位女士不会打桥牌，他俩坐在一旁就闲聊上了。

这位妇女知道卡内基刚从欧洲回来，于是就对卡内基说："啊，卡内基先生，你去欧洲演讲，一定到过许多有趣的地方，欧洲有很多风景优美的地方，你能讲讲吗？要知道，我小时候就一直梦想着去欧洲旅行，可是到现在我都不能如愿。"

卡内基一听，就知道这位女士是一位健谈的人。他知道，如果让一位健谈的人很久地听别人说话那就如同受罪，心中定是憋着一口气，并且不时要打断你的谈话，或者对你的话根本毫无兴趣。他明白这位女士想从自己的话中寻找一些契机好帮助她能够开始自己的谈话。

卡内基刚进晚会时听朋友介绍过她，知道她刚从南美的阿根廷回来。阿根廷的大草原景色秀丽，到那个国家去旅游的人都要去看看的，且都有自己的一番感受。

于是他对那位女士说："是的，欧洲有趣的地方可多了，风景优美的地方更不用说了。但是我很喜欢打猎，欧洲打猎的地方就只有一些山，很危险的。就是没有大草原，要是能在大草原上边骑马打猎，边欣赏秀丽的景色，那多惬意呀……"

"大草原"，那位女士马上打断卡内基的话，兴奋地叫道，"我刚从南美阿根廷的大草原旅游回来，那真是一个有趣的地方，太好玩了！"

"真的吗，你一定过得很愉快吧。能不能给我讲一讲大草原上的风景和动物呢？我和你一样，也梦想到大草原去的。"

"当然可以，阿根廷的大草原可……"那位女士看到有了一个倾听者，当然不会放过这个机会；滔滔不绝地讲起了她在大草原的旅行经历。然后在卡内基的引导下，她又讲了布宜诺斯艾利斯的风光和她沿途旅行的国家的风光，甚至到了最后，变成了她对自己这一生去过的美好地方的追忆。

卡内基在一旁耐心地听着，不时微笑着点点头鼓励她继续讲下去。那位女士讲了足足有一个多小时，然后晚会就结束了，她遗憾地对卡内基说："卡内基先生，下次见面我继续给你讲，还有很多很多呢！谢谢你让我度过了这样美好的一个夜晚。"

卡内基在这一个小时中他只说了几句话，然而，那位女士却向晚会的主人说："卡内基真会讲话，他是一个很有意思的人，我很乐意和他交谈。"

其实卡内基知道，像她这样的人，并不想从别人那里听到些什么，她所需要的仅仅是一双认真聆听的耳朵。她想做的事只有一样：倾诉。她心里真想将自己所知道的一切全都讲出来，如果别人愿意听的话。对这种谈话者，最好不要自以为是，卖弄口才，堵住他们的嘴巴，那只会赢来打哈欠的嘴巴和厌烦的表情。一般人有两种心理状态：其一是，一般来说，一个人作为一个独立的主体，他总是事事从自我的角度出发，他最喜欢的是他自己而非别人，他最爱谈论的便是自己，所以在谈话时不是倾听别人讲话，而是口若悬河地向别人讲自己的事。这是典型的自我中心主义者。其二是，不是很健谈的人，他的心理活动比较复杂，情绪变化较大。由于他沉默寡言，不开心的事情不愿讲出来，许多烦恼的情绪都被理智积压在心中。有时候，有了什么高兴的事情，也不喜形于色，不愿与人分享，也埋藏在心中，这种人表面上看起来不动声色，坚强沉着，内心活动却很激烈。因此，遇到一次宣泄的机会，而你正是他的朋友，你千万不能打断他，这时你所做的事就是静静地听。在倾听的过程中，你们的友谊在加深，他对你的信任程度也在增加，你会因此而获得一份真诚的友情。因为当他发现你在认真地聆听他的话时，好感和亲近感便油然而生了，因为你已满足了他的需要。最重要的是，你一开始便尊重他了，他在你的这种态度上找到了他的重要感、自信心。

第2章 套近乎，和谁都能聊得来

有些人聊天，只顾自说自话，也不管别人乐意不乐意听。聊天最好的局面应该是双赢，就是给对方提供价值，要么是内容价值，要么是情感价值。如果你照顾到对方的需求了，对方的兴趣就浓了，你们的关系就好了，聊起天来肯定很顺畅。

想要关系到位，人情话先到位

日常生活中，有的人说话过于随便，不分场合地口若悬河说个不停，可对有些该说的话却惜语如金。就拿朋友交往来说吧，在一起时间长了，彼此之间常会互相帮忙，完事之后，一句人情话适时递上："张哥，昨天那事你受累啦，咱哥俩儿这关系感谢的话我就不多说了。""大李，孩子这么大了，你还给他买玩具干吗？他喜欢得不得了，可以后你这当叔叔的也别太惯着他。哪天来我家尝尝你嫂子包的芹菜馅饺子。"这时候帮你忙的人感觉到自己的好意被你领受了，心里自也受用了。

其实，朋友也好、亲戚也好，帮个忙、送点礼是常有的事，人们做这些事的时候跟求人办事不同，并不是想从你这里得到些什么好处，甚至于因为关系铁会很乐意帮忙，他所要求的也并不是等额的回报。这时候，如果你总认为这是理所当然，没有一句表示的话，人家怎么知道自己的好意是不是已被你接受？要知道，再要好的关系，既然受了别人的施予，就要做出及时、明确的表示，当然，一句恰到好处的人情话也就足够了。

鉴于此，我们在日常生活中就要刻意培养自己多说人情话的好习惯。

（1）使用日常生活中的见面语、感情语、致歉语、告别语、招呼语。早晨见面互问："早晨好"，平时见面互问："您好"。初次见面认识，主方可用"您好""很高兴和你认识"，被介绍的一方可用"请多帮助""请多指教"。分别时说"再见""请再来""欢迎您下次再来"。特定情况的告别语可用"祝您晚安""祝您健康""祝您一路顺风""实在过意不去"。有求于人说声"请""麻烦您""劳驾""请问""请帮助"。对方向您道谢或道歉时要说"别客气""不用谢""没什么""请不要放在心上。"

（2）养成对人用敬语、对己用谦语的习惯。一般称呼对方用"您""同志"，对长者用"大爷""大妈""先生"，不要用"喂""老家伙""老太婆""老头"等。对少年儿童用"小朋友""小同志""小同学"，不要用"小家伙""小东西"等。称呼别人的量词用"位——各位、诸位"，不要用"个"。对自己或自己一方的人可以用"个"。第三，多用商量语气和祈求语气，少用命令语气的语词句或无主句。如"您请坐""希望您一定来""请打开窗户好吗""请 ×× 同学回答""请让开一些"。这样词语和气、文雅、谦逊，让人乐于接受。

（3）说话要考虑语言环境。即不同场合，不同情况，谈话人的不同身份，谈什么事情，需要用什么语词、语调和语气。因为同一个语词用不同的语调和语气在不同的场合、情况下会产生不同的效果。例如“对不起”这一个词语，因说话人的语调、语气不一样，可以是威胁、讽刺，也可以是表示歉意。又例如商业工作者出于工作和礼貌需要，见矮胖型的女顾客应说“长得丰满”，见瘦长体型的女顾客应说“长得苗条”。其实“丰满”和“苗条”是“肥胖”和“瘦长”的婉转说法，但前者易为别人接受。其次，要考虑不同的对象。在我国，人们相见习惯说“你吃饭了吗”“你到哪里去”。有些国家不用这些话，甚至习惯上认为这样说不礼貌。因此见了外国人就不适宜问上述话语，可改变用“早安”“晚安”“你好”“身体好吗”、“最近如何”等。

（4）注意说话的空间和时间。谈话人的身份各异，如果是长者、上级、师辈，谈话的距离太近和太远都是失礼的。男女同志之间谈话，距离则不宜太近。说话的时间过长（使人疲倦厌烦）、过多（对方不明了意思）、中途停顿（意思表达一半就不说了），都是不礼貌的。

总之，要根据时间、地点、对方的身份（年龄、性别、职业等）以及和自己的关系，多说并恰当地选择人情话和礼貌用语。

多说讨好话，取悦人心就简单

由于人与人之间很难一开始就产生共鸣，所以必须先诱发对方与你交谈的兴趣，再经过一番深刻的对谈，才能让彼此更加了解。当你尝试说服他人，或对他人有所请求时，也同样适用。你不妨先避开对方的忌讳，从对方感兴趣的话题谈起，并且不要太早暴露自己的意图，等对方一步步赞同你的想法后，他们便不自觉地认同了你的观点。

有一个肥胖顾客问书店售货员："有《如何减肥》这本书吗？"

"对不起，太太，刚刚卖完。您要同一作者写的《如何增肥》吗？"

"你拿我开玩笑。"

"绝非开玩笑，太太，只要按书内的建议反着去做不就成了。"

"我有一位朋友，她长得比您还要胖，有一次来我店里买《如何减肥》。当时没有，我就把《如何增肥》这本书推荐给她，想不到两个月后见到她时，居然瘦了10公斤。"可想而知，这位售货员运用投其所好的心理攻势，完成了一项"不可能的任务"，把增肥的书卖给了一个胖姐。生活中有很多人，去逛一次商场后，往往买回来许多不必要的东西，原因就是拒绝不了售货员的心理攻势，可见，掌握投其所好的心理攻势对一个人有多么重要。

心理学专家曾指出，只要抓住对方的心理，洞察对方内心的想法和需求，而后讨好她，对方就会被你俘获，这时你就可以牵制对方的思想，为己所用了。

窥测他人心理，投其所好地与对方交往，就是要注意揣摩对方心理再想什么，如果你的做法与对方心理相吻合，那么对方就会愿意接受，了解对方的个性，掌控对方的心理。在与不相识的人初次见面中会占有极大的优势。

其实在我们的日常生活中，同样可以利用"投其所好"来达成自己的目的。那么如何去做呢？

（1）了解对方内心所需

既然你要满足对方的需要，首先就应该了解对方内心所需，这是满足对方心理的第一个步骤。

（2）尽最大能力满足对方

大家都知道人在满足之后都会产生一种快感，特别是在过度满足之后，这种快感更加强烈。很多聪明人士在初次与人交往的时候，往往很擅长使用的就是这种方法来俘获对方。

（3）重视心理满足

人需要得到满足的地方很多，但无论哪一个方面，都无法避免心理满足这种需要。因此，在面对陌生人的时候，不仅要满足对方基本的需求，更要满足对方内心的需求，让对方心理舒服了，那么，你才能真正达到交往的目的。

礼节性的奉承一定要张嘴就来

一般来说，虚假是为人们所不齿的，我们每个人从小就被教育要做一个诚实的人，但在现实生活中，我们又离不开奉承，因为，有时候，说一些善意的奉承话胜过讲直白的大实话。这就要求我们具体情况具体分析。

在遵守道德的情况下，奉承就是一种智慧。在一些非常时候，只有说奉承话，才能使事情更圆满。

有这么一个故事：

王员外家添了个孙子，在孩子满月的那天，来了许多庆贺的宾客，大家都看着孩子在有意无意地闲谈。

李秀才说：“令孙将来一定福寿双全，飞黄腾达，富贵荣华，光宗耀祖！”

罗秀才说：“人都是一样的，这孩子将来也会长大、变老、死去！”

李秀才受到热烈的欢迎，被奉为上宾；而罗秀才则受到客人的鄙视、主人的嫉恨与冷遇。

难道罗秀才说的不是实话吗？当然是实话，可是实话是不中听的。相反，李秀才说的极有可能是假话，一个人“福寿双全”是很难的，但就是假话讨得了主人的欢心，因为主人正是这么期望的。

礼节性的语言和奉承话可给人们的幻想与虚荣心带来极大的满足，使人从困境与艰难中摆脱出来。它让人觉得自己在别人的生活中是受到尊重与重视的，因此它在生活中也是必不可少的，所以卢梭在《忏悔录》中说：“我从没有说谎的兴趣，可是，我常常不得不羞愧地说些谎话，以便使自己从不同的困境中解脱出来。有时为了维持交谈，我迟钝的思维、干枯的话题迫使我虚构一些事情以便有话可说。”

林语堂先生也曾说过：“什么是中国人的教养？我一直苦苦思索，于是发现了以下三点：一说谎；二具有像绅士一样说谎的能力；三以幽默感理解自己心境的平静，并且对地球上的任何事物都不过于热衷。”

人，总是要面对生活的。生活中，真实是重要的，真诚更加重要，这对人生、对社会无疑是有更大价值的。然而，我们所处的社会是纷繁复杂的，大家都是凡人，都期望能出人头地。每个人心中都有这样或那样的欲望和念头，不加选择、不分对象、不分场合把什么都和盘托出，那只会被人当成“笨蛋”来看，只有把握一定的原则，把握好其中的分寸，你才会成为一个受人欢迎的人。

给人不经意间被关心的感觉

聊天时，只有真诚地从他人的立场出发，为对方着想，关怀对方的利益，关注对方的兴趣，才能真正赢得对方的心。

卡戴珊是自行车行里的一位年轻的促销员。一天，有一对夫妇带着孩子来车行看车，卡戴珊热情地接待了他们。当然，卡戴珊极少说话，只是请他们自己慢慢地看。

最后，这对夫妇选中了某种型号的车子，但他们嫌这辆车比其他品质相近的车子贵了 50 元。细心的卡戴珊看到这种情况，便做了如下的介绍："你们的这种感觉我同样也有，只是以后你们就会发现，这 50 元是你们花得最值的部分。因为这辆车有一个非常好的名字，叫作'请您放心'，它有一个很好的刹车器，经久耐用，方便简单，更为重要的是，它安全可靠。"

当看到夫妇俩点头认同，卡戴珊继续说："太太，您的小孩骑自行车，您最担心的是什么？应该是安全问题吧？多花 50 元买一个安全，您难道不觉得很值得吗？而且这辆车，您的孩子至少可以使用五年，五年才多花了 50 元，每天多了不到 1 分钱。你们还有顾虑吗？"

这对夫妇听后也觉得卡戴珊说得非常对，便买下了那辆自行车。

当你一再强调，产品能为对方带来什么好处时，对方一般都会感动的。当然，我们首先要做的是，认真观察和了解顾客比较关心的是什么。你 80% 的精力和说话内容最好都落在对方关注的需求上。

无论是什么情况，要获得对方的认同，就必须首先要为对方着想，关怀对方的利益，关注对方的兴趣。

英国皮鞋厂的一位推销员曾多次拜访伦敦的一家皮鞋店，但其拜会老板的请求都被鞋店老板拒绝了。

这天，他又来到了这家鞋店，口袋里装着一份报纸，报纸上刊登着一则关于变更鞋业税收管理办法的消息。推销员认为这则消息有利于帮助店家节省很多费用，因此就希望带给皮鞋店老板，让其看看。

当他来到鞋店前时，就大声地对鞋店的一位售货员说："请您转告您的老板，说我有路子让他发财，不但可以让他大大减少订货费用，还可以本利双收赚大钱呢。"

很快，老板同意接受他的拜会。

当你能够帮助顾客的生意，为其提供有价值的信息时，顾客不可能不为你的生意着想。当你不仅仅是推销员，还是对方的顾问时，他们获得了由你提供的可靠消息后，你的生意必定不会有了一笔之后，从此就再也没有下文了。

不管是在生意场中还是在生活中，只要你能在言谈话语间表现出你对他人真诚的关怀，你就能收到最佳的沟通效果，达到你说话的目的。

挑彼此都感兴趣的话题打铺垫

常言道：“酒逢知己千杯少，话不投机半句多。”在人与人交往中，每个人都愿意与自己有共同语言的人相处，与自己没有共同语言的人沟通起来会感到很无聊与疲惫。

所以说当我们试图与对方聊天时，最先需要选择的就是谈话的主题。通俗地讲，就是你要与对方谈什么，从什么开始交谈。如果你常常觉得与人谈话很吃力，恐怕最重要的原因，就是你对应该讲什么话这个问题有很深的误解。

人们对交谈有一个最普遍的误解是：以为只有那些最不平凡的事件才是值得谈的。这样的结果使他们把彼此的交谈搞得索然无味。他们在搜肠刮肚地寻找重大事件的同时，却忽略了谈话本身所应具有的意义。你是否有过这样的体会？当你见到熟人的时候，你在脑子里苦苦地搜索，想找一些怪诞的奇闻，惊心动魄的事件，或是令人神往的经历，以及令人兴奋刺激的事情。

自然，这一类事情是一般人最感兴趣的了。能够在谈话的时候，讲出这样动听的事情，无论对听的人，还是对讲的人，都是一种满足。

但是，这一类的事情在我们的生活中毕竟不多。有些轰动社会的新闻，是用不着你来说别人就已经听说过的。即使是你亲身经历过的比较特殊的事情，也不必到处一讲再讲。此外，你在某一个场合讲很受欢迎的故事，在另外一些人面前就不一定受欢迎。因此，你若认为只有那些最不平凡的事情才值得谈，那你就会经常觉得无话可谈了。

其实，人们除了爱听一些奇闻轶事以外，也很愿意和朋友们谈一些有关日常生活的普通话题。比如，小孩子长大了，要进哪一所学校比较好啦，花木被虫子咬了应该买哪一种杀虫药啦，这个周末有什么好电影看啦，等等，这些都是良好的谈话题材，也都能使谈话双方感到有兴趣。总之，当你选择谈话的主题时，你要了解对方是否对此感兴趣，对方所具备的知识和经验是否能够将这次谈话进行到底。如果你能做到这一点，那么，你就可以称得上是一个优秀的沟通者。

赵琴和李雪同是国内某公司的销售员，两个人同时进入公司，两年以后，赵琴还是普通销售员，而李雪荣升为销售部副经理，为什么两个人的差距会如此之大呢？答案很简单，交流方式的不同，造就了两人地位的悬殊。

赵琴进入经理办公室，压根没有注意经理的情况，经理是一位女性，准确来说是一位准妈妈。赵琴没有寒暄，开口直言：“经理，所有的客户我都已经拜访过了，签下三笔订单，另有两笔没签下来，这两个客户简直就是顽石，根本敲不开，还是您亲自出马吧。”经理眼神中有了少许不满，但并没有说什么，赵琴放下客户资料，转身离开了办公室。

李雪面带微笑进入经理办公室，看到经理抚着肚子在办公室走动，忙不失时机地说运动有利于胎儿健康生长。李雪只签下了一个客户，还有四位客户在犹豫中，她并不急于汇报工作，而是先跟经理聊起养胎安胎的问题，等到两个人聊得非常开心时，李雪才在话题快结束时汇报自己的工作，谈及四个未签订单的客户时，李雪说道：“经理，您现在不宜劳累，这四个客户我一定会加把劲全部拿下，您安心的照顾肚子里的宝宝就好了。”

李雪满面春风地走出了经理办公室，经理还沉浸在和李雪刚才讨论的胎儿健康的话题中。

从心理学的角度，人与人之间的感情发源于了解，而了解最先从共同的话题扩展开来，由共同的话题引起类似的想法或是情感，或许就说我们所说的共鸣了。人们往往对与自己有着类似情感的同类有着好感，所以说，善于参与乃至发起话题，其实是向别人展示自己，同时伸出友好橄榄枝的信号。

制造共同话题，需要一个必要的前提，就是要对对方有一定的了解。因为沟通是双方的互动，对方的感兴趣程度直接决定了互动的程度。什么样的话题能让他兴趣盎然？这有赖于平时我们对此人的揣摩，当然也有一些常识。这就需要我们做个有心人了。最有效的方式是建立身边人的心理档案，这样就可以在最短的时间里搜索到可行方案，然后见缝插针。

在这里给大家提供一些常识性的话题方案：

（1）健康话题。关心对方及其家人的健康，给予对方一种暖心的感觉。

（2）爱好话题。爱好是人们最感兴趣的事，非常容易引起共鸣。

（3）往事话题。与对方一起回顾某个年代的事情，事物，在怀旧情绪中拉近心理距离。

（4）时事话题。把自己了解到的重大新闻拿来与对方一起谈论，迎合对方的观点，增进沟通温度。

（5）对方所在的行业，对方从事的工作，在工作上取得的成就，未来的发展前景等等，都是我们增进彼此关系的良好沟通话题。

挖空心思，寻找彼此的共同点

与人聊天时，能否打开交谈的突破口，对初次交谈以及日后的交往都显得尤为重要。要想打开与人交谈的突破口，最佳的方法就是找到自己和别人之间的共同点。

那么，在交谈中，怎样才能找到自己与别人之间的共同点呢？

（1）察言观色，寻找共同点

一个人的心理状态，精神追求，生活爱好等等，都或多或少地要在他们的表情、服饰、谈吐、举止等方面有所表现，只要你善于观察，就会发现你们的共同点。

一个退伍军人乘客同一陌生人相遇，位置正好都在驾驶员后面。汽车上路后不久就抛锚了，驾驶员车上车下忙了一通还没有修好。这位陌生人建议驾驶员把油路再查一遍，驾驶员将信将疑地去查了一遍，果然找到了病因。这位退伍军人感到陌生人的这绝活儿可能是从部队学来的。于是试探道："你在部队待过吧？""嗯，待了六七年。""哦，那咱俩还应算是战友呢。你当兵时部队在哪里？"于是这一对陌生人就谈了起来，据说后来他们还成了朋友。

当然，这察言观色发现的东西，还要同自己的情趣爱好相结合，自己对此也有兴趣，打破沉寂的气氛才有可能。否则，即使发现了共同点，也还会无话可讲，或讲一两句就"卡壳"。

（2）以话试探，侦察共同点

两人对坐，为了打破这沉默的局面，开口讲话是首要的，有人以招呼开场，询问对方籍贯、身份，从中获取信息；有人通过听说话口音、言辞，侦察对方情况；有的以动作开场，边帮对方做某些急需帮助的事，边以话试试探；有的甚至借火吸烟，也可以发现对方特点，打开口语交际的局面。

两个年轻人从某县城上车，坐在一条长椅上。其中一人问对方“在什么地方下车？”“到南京，你呢？”“我也是，你到南京什么地方？”“我到南京山西路一亲戚家有事，你就是本地人吧？”“不是的，我是来南京走亲戚的。”经过双方的“火力侦察”，双方对县城熟悉，对南京了解，都是亲戚的共同点就清楚了。两个人发现对方共同点后谈得很投机，下车后还互邀对方做客。

这种融洽的效果看上去是偶然的，实际上也是有其必然原因的：“火力侦察”，发现共同点，向深处掘进而产生的效应。

（3）听人介绍，猜度共同点

你去朋友家串门，遇到有生人在座，作为对于二者都很熟悉的主人，会马上出面为双方介绍，说明双方与主人的关系，各自的身份，工作单位，甚至个性特点，爱好等等，细心人从介绍中马上就可发现对方与自己有什么共同之处。

一位是县物价局的股长和一位“县中”的教师，在一个朋友家见面了，主人给这对陌生人作了介绍，他们马上发现都是主人的同学这个共同点，马上就围绕“同学”这个突破口进行交谈，相互认识和了解，以至变得亲热起来。

此举最重要的是在听介绍时要仔细地分析认识对方，发现共同点后再在交谈中延伸，不断地发现新的共同关心的话题。

（4）揣摩谈话，探索共同点

为了发现陌生人同自己的共同点，可以在需要交际的人同别人谈话时留心分析、揣摩，也可以在对方和自己交谈时揣摩对方的话语，从中发现共同点。

在广州的某百货商店里，一位在南海舰队服役的军人对服务员说：“请你把那个东西拿给我看看。”他把“我”说成字典里查不到的地道的苏北土语。旁边另一位也是苏北人的在广州某陆军部队服役。听了前者这句话，也用手指着货架上的某一商品对营业员说了一句相同的话，两句字里行间都渗透苏北乡土气息的话，这使两位陌生人相视一笑，买了各自要买的东西，出了店门就谈了起来，从老家问到部队，从眼下任务谈到几年来走过的路，介绍着将来的打算。身在异乡的一对老乡的亲热劲儿，不知情的人怎么也不会相信是因为对方一句家乡话而造成的结果。

可见细心揣摩对方的语言确实是可以通过找出双方的共同点，使陌生的路人变为熟人，发展成为朋友的。

发现共同点是不太难的，但这只能是谈话的初级阶段所需要的。随着交谈内容的深入，共同点会越来越多。为了使交谈更有益于对方，必须一步步地挖掘深一层的共同点，才能如愿以偿。

第3章 看情况，到什么山上唱什么歌

什么叫会聊天？就是会分场合、看对象，语言上也讲究分寸，能根据表达的目的、对象、场合、方式的差异来调整，与语境保持和谐一致。否则的话，你再滔滔不绝，别人不搭你的茬儿，也是白说。

聊天，一定要懂得察言观色

在古代，有很多走街串巷、替人占卜算卦的江湖术士，为了使他人相信自己能够“窥得天机”，往往会先为你测上一卦，将你近期的喜怒哀乐、顺与不顺，测得个“八九不离十”。你别说，有时测得还真准！难道他们真的如此神通广大？

答案显然是否定的。对于江湖术士而言，算卦是他们的衣食保障，为了使自己不至于饿死街头，他们必须要苦苦研习占卜之术，这其中首先要精通的就是“察言观色”。例如，当他们看到你眉宇间暗隐愁云，便可由此推测出你近来事有不顺；观察你的举止、言谈、配饰等等，便可推测出你是富是贫。如此，你已先信他几分，而后再依据你的心理，说些你爱听的或是吓唬你的话，又岂愁你不乖乖就范，心甘情愿地奉上银两。那些道行颇深的占卜师则更是深谙此道，他们深知对什么人该说什么话，一张嘴能说得你如坠云里雾里，虔诚地将其视为“半仙”“天师”。

当然，我们无需以占卜谋生，但这种“察言观色”的本领，我们则是不能不学的。俗话说：“出门观天色，进门看脸色。”观天色，可以由天色推知阴晴雨雪，以便携带雨具，免受日晒雨淋；看脸色，则可以由交际对象的表情得知对方的情绪，以此来决定攀谈的内容或是是否与之攀谈。

有位记者去某足球队采访，一进门，发现休息室气氛沉闷，教练铁青着脸，双眼圆睁。队员们耷拉着脑袋，垂头丧气。他赶紧退了出去，取消了这次采访。后来，他打听到，球队刚刚在比赛中吃了败仗，正在怄气。如果当时他不看对方的脸色、不识趣地硬去采访，一定是不会有什么收获的，说不定还会挨骂。

看来，这位记者就很会察言观色。正所谓：人好水也甜，花好月也圆。人在高兴时，心情舒畅，看见高楼大厦，会想到“凝固的音乐”；看见车水马龙，会想到“滚动的音乐”。人在情绪好的时候，容易体谅人，乐于礼让、关心和帮助他人，也愿意与人聊天，接受别人的邀请。而当人在心情郁闷、烦恼的时候，即使听到“田园交响曲”，也会觉得那是噪音。

其实，但凡会聊天的人都懂得察言观色，他们会根据交际对象的反应，恰如其分地去说话，所以他们的人生之路走得总是比较顺畅。

一次，解缙与朱元璋在金水河钓鱼，整整一个上午一无所获。朱元璋十分懊丧，便命解缙写诗记之。没钓到鱼已是够扫兴了，这诗怎么写？解缙不愧为才子，稍加思索，立刻信口念道：“数尺纶丝入水中，金钩抛去永无踪。凡鱼不敢朝天子，万岁君王只钓龙。”朱元璋一听，龙颜大悦。

有位心理学家曾经说过：“在世界的知识中，最需要学习的就是如何洞察他人。”我们如果能在聊天时察言观色，随机应变，就能取得良好的交际效果。

顾及场合环境，句句应情应景

心理学原理告诉我们，在不同场合环境中，人们对他人的话语有不同的感受、理解，并表现出不同的心理承受能力。比如，在小场合和大场合，家庭场合与公众场合，人们对于批评性说法的承受能力有明显的差异。通常在公众场合中使用指责性的说法最易引起人们的反感。试想，如果这次批评是在两个人之间进行的，对方一般也绝不会顶撞，可能会很平静地接受批评。

正因为受特定人际关系和场合心理的制约，有些话只能在某些特定场合说，换一个场合就不行。同样一句话，在这里说和在那里说也有不同的效果。因此，在人际交往中，说什么，怎么说，一定要顾及场合环境，才有利于沟通。不顾及场合的心直口快是不值得提倡的。为了追求理想的表达效果，对于心直口快者来说，起码应注意这样几个问题：

（1）要在思想上强化场合意识

有些人在交际中对人说话直出直入，惹人生气，把事情办砸，完全是主观上缺乏场合意识的结果。他们对人很诚实，遇事时往往只从个人主观感觉出发，以为只要有话就应该说，心里有什么嘴上就说什么，不管什么场合环境就往外捅，结果有意无意地冒犯了人。自己还莫名其妙，不知道毛病出在哪里。有两个老工人平时爱开玩笑，几天没有见，一见面就说："你还没有'死'呀？"对方也不计较，回一句："我等着给你送花圈呢！"两个人哈哈一笑了事。后来甲因重病住进了医院，乙去医院看望，一见面想逗逗他，又说："你还没有死呀？"这一次，甲的脸一下子拉长了，生气地说："滚，你滚！"人家正在病中，心理压力很大。他在病房里对着忧心忡忡的病人说"死"，显然是没考虑场合，人家怎能不反感、恼火？其实，这位老工人说这话也是好意，想让对方开开心，只可惜他缺乏场合意识，开玩笑弄错了地方，才闹出了不愉快。

这个事例说明，有些人说话所以惹恼人，并不是他们不会说话，而是场合观念淡薄，头脑中缺乏这根弦。所以，对于这些人来说，当务之急在于增强场合意识，懂得不同场合对说话内容和方式的特定限制和要求，时时不忘看场合说话。应当努力做到在每次参加交际活动时，要把场合大小、人数多少及相互关系搞清楚，据此确定自己的说话内容和方式。在具体说法上，既要考虑自己的交际目的，又要顾及他人的"场合心理"，追求主客观的高度一致。

（2）要自觉摆脱谈吐上的惯性

人们的言行往往带有一定的习惯性。有些不当的话语并不是主观上想这样说，而是受习惯的支配一不留神脱口而出，造成与场合环境的不协调，事后连他们自己也感到后悔。比如，小李陪妻子高高兴兴上街买东西。在熙熙攘攘的商场里，妻子兴致很高，从这个柜台到那个柜台，买了这件，又看那件，快到中午了仍没有打道回府的意思，小李有些不耐烦了。当妻子提出再买一件高档羊毛衫的时候，他忍不住了，生硬地说："你还有完没完，见什么买什么，你挣多少钱哪？"这句话刚出口，顾客们都向他们身上看，妻子本来微笑的脸顿时变了样，生气地反驳道："怎么，我还没有花够钱呢，你急什么？我就要买，怎么着！"直把小李顶得说不出话来，难堪极了。接着发怒的妻子什么也不买了，噔噔地自个儿走出商店。使小李不解的是，妻子的性格本来很温顺，在家里从来不大声说话，更不要说发火了，说她什么都不计较，可今天为什么她的火气这么大呢？很显然，是小李忽略了场合因素，把在家庭中惯用的说法拿到公众场合来，用生硬口吻指责妻子，刺伤了妻子的自尊心，才引发妻子为维护自己的面子表现出的强硬态度。

所以，心直口快的人必须有意识地摆脱自己口语表达上的惯性，养成顾及场合、随境而言的良好表达习惯。在交际活动中，要把交际对象、交际场合、交际时间等多种相关因素都考虑进去，想一想如何张口，选择最恰当的方式说话，以使自己的谈吐既符合场合要求，又符合对方的接受心理，最大限度地实现与交际对象的沟通。

（3）要善于控制自己的不良情绪

经验证明，人们忽略场合因素，造成语言失控，常常发生在情绪冲动之时。比如，有的人喝酒之后，或遇到兴奋的事情时，情绪十分激动，甚至忘乎所以，不能自控，便会说出一些与场合气氛不协调的话来，造成不良后果。有个特能侃的青年，在朋友的婚礼酒席上，大侃自己的见闻，逗得人们哈哈大笑。不料他心血来潮，讲起了一个新婚之夜新郎杀死新娘的奇闻。还没等他说完，新娘的脸色就变了，新郎见状也火了，不客气地把他轰了出去。这个青年的失言就是由于情绪失控造成的。在喜庆场合卖弄自己的口才，说与场合、气氛很不协调又不吉利的话，难免惹恼他人。

与人聊天，先要了解对象

同样一句话，你对甲说，甲肯全神贯注地听；你对乙说，乙却顾左右而言他。这时候对甲说，甲乐于接受；那个时候对甲说，甲觉得不耐烦。这除了表示也许甲乙两个人的生活环境不同外，也表示甲前后的心情不一样。

当年赵高要陷害李斯，对李斯诉说秦二世的行为不对，劝李斯进谏，并约定趁二世有闲的时候，代为通知李斯。有一天李斯应约进宫，二世正与姬妾取乐，看见李斯进来，心中很不高兴，而李斯却浑然不觉，正言进谏，二世只好当场敷衍一下。等李斯一退出，二世便开始发牢骚，说丞相瞧不起他，什么时候不好说，偏在这个时候来啰唆！

李斯的杀身之祸就是由此招来的。可见你要与对方说话，应该注意什么时候最适宜。对方正在紧张工作的时候，不要去说话；对方正在焦急的时候，不要去说话；对方正在盛怒的时候，不要去说话；对方正在放浪形骸的时候，也不要去说话；对方正在悲伤的时候，更不要去说话。只要有上述几种情形之一，你去说话，一定会碰一鼻子灰，不但说话的目的达不到，遭冷遇，受训斥也是意料中的事。

你有得意的事，就该与得意的人谈，你有失意的事，应该和失意的人谈。和失意的人谈你得意的事，你不但不知趣，简直是在挖苦、讥讽他，他对你的感觉，只会更坏，不会变好的。和得意的人谈你失意的事，他至多与你作表面的应付，绝不会表示真实的同情。有时还可能引起误会，以为你是要请他帮助，他会预先防备，使你无法久谈。所以你要诉苦，应找有过相同情形的人去诉，同病自会相怜，不但能得到精神上的安慰，亦可稍叙胸中不平之气。你要谈得意事，应该向得意的人去谈，志同道合。年轻人涵养功夫不够，稍有得意的事，便逢人就说且自鸣得意，结果招人骂你器小易盈，笑你沾沾自喜，无意中还会引起别人的妒忌。偶有不如意便让你觉得满腹牢骚，如有骨鲠在喉，不免逢人就诉，结果惹人讨厌，说你毫无耐性，甚至笑你活该。

你要说话，先要看准对象，他是愿意和你说话的人吗？如果所遇非人，还是不说为好；这个时候，是你要说话的时候吗？如果时候不对，还是不说话的好。诚然，说话的技巧与你说话的成功与失败有着直接关系，同时，是否得其人得其时，迎合其心理，也与你说话的成败有很大的关系。多说话，别人未必当你是会说，少说话，也未必当你是呆子。

总体来说，我们在与人交谈之前，有以下三个方面必须考虑周全：

（1）应先了解对方的一些经历情况和生活状况

思维方式不同，人的生活观念也不同，因此，也要特别了解他的生活愿望、生活观点。

（2）必须注意对方的心境特征

如果在交谈当中，不顾对方的心理变化，而一味地将想法统统搬出来，那么，你是得不到他的认同的。一厢情愿的谈话往往会让对方厌恶。

不该说话的时候说了，是犯了急躁的毛病；该说话的时候却没有说，从而失掉了说话的时机；不看对方的态度便贸然开口，叫作闭着眼睛瞎说。在交谈过程中，双方的心理活动是呈渐变状态的，这就要求我们在和人交谈中应兼顾对方的心理活动，使谈话内容和听者的心境变化相适应并同步，这样才能与交谈者心有灵犀，引起共鸣。因为说话时更应清楚对方的身份和性格特征。

（3）必须考虑到对方的反应

前不久，有位外国旅游者在旅华期间自杀了，为了减少话语的刺激性，经再三推敲，最后在死亡报告书上回避了“自杀”两字，而用了“从高处自行坠落”这一委婉的词语。在中国北方，老人故世了，以“老了”讳饰，老干部故世了，以“见马克思去了”讳饰，类似的讳饰词语很多。再如，生活中对跛脚老人，改说“您老腿脚不利索”；对耳聋的人，改说“耳背”；对妇女怀孕说“有喜”。总之，在语言交流中讲究讳饰，也就是“矮子面前莫说矮”，应做到“哪壶不开就别提哪壶”。其他如，长途汽车路边停车，让旅客如厕以“让各位方便一下”来避讳，用餐时需上厕所，一般以去“洗手间”来避讳。在社交场合用这些讳饰式的委婉语，不至于大煞风景。

和什么人一起，就说什么话

在聊天时，每个人都希望沟通对象的沟通风格和自己是协调一致的；如果沟通双方的沟通方式风格不同，就容易产生冲突而导致交际的失败。如果你能够根据不同的对象选择不同的沟通风格，你就能控制大多数场合的沟通效果。沟通风格主要有以下 6 种：

（1）直爽的人

直爽的人有话直说。其典型特征是敢说别人只在心里想的话，他们认为每个人都应该怎么想就怎么说，有所保留就是不真诚，他们往往不在意别人怎么想。

直爽的人与人交谈是为了解决问题，但常常忘记在交谈伊始先建立良好关系，对结果会大有帮助。他们会阔步而入，进门便坐，然后说："好了，开始工作吧。"半句废话也不说。就算你鼻子在流血，他还是只管坐下便说："好，干活吧。"跟没事儿一样。直爽的人交流起来只关心结果。他们喜欢直奔主题，不为细节伤脑筋，不靠细节来抓主题。看小说也跳过大段描写，挑引号里的话看，因为那才是情节。讲话时，直爽的人频繁使用"或者"一词，说起话来观点明确，看事情黑白分明，绝无灰色。遇事即刻做出反应，对多数问题只想得出唯一方案。

与直爽的人打交道不难，因为他们对问题看得透、单纯、不易受伤害。跟他们交谈要坦率，先说明意图或结论，把主要观点摆出来，再问他们需不需要进一步的信息。可别被直爽的人吓着，要学会不理会他们说的某些话。他们不是有意要伤害你，只不过说话不加考虑罢了。要是想让他们做什么事，那就摆出几个方案让他们挑。

（2）较真的人

较真的人在交流的时候，用一连串问题把对方引导到符合逻辑的结论。这类人物说话有说服力，喜欢讨论、争辩、谈判，善于统揽全局，从不利的形势中找到出路。这种能力对工作，尤其对化解冲突大有好处。但惯于教训人的特点却在一定程度上影响他们发挥这种能力。

较真的人说话爱用注解。先说一件事，然后用有关信息注解这个话题，再回到主题，然后又转到注解，就这样转来转去。不习惯这种交流方式的人会被他们说得晕头转向。

同较真的人打交道别指望会很简捷。另外，即便教训你，你也不要感到不快，因为他就是这种风格，与他怎么看待你毫无关系。在他看来没有完美的事物，别指望你的方案和建议一次就被他接受，否则准碰一鼻子灰。就算你改了好几遍稿，但他还会要你修改“定稿”，搞得你怒不可遏。所以，不要等到最后才给他看成品，而是把各阶段的产品都让他过目，每一阶段都征求他的意见。

（3）好内省的人

这一类人在交流中关心人际关系。在他们看来，维护人与人之间的关系最重要，而准确传递信息、阐述观点以及实际交流成果都是相对次要的。如果实话实说会使对方恼怒或不快，内省式人物宁肯一言不发，为了避免冲突，他会说你想听的话，而不是他想说的话。

内省式人物不愿意发表强硬的观点，但却会向人敞开心扉，愿意与别人分享自己内心深处的喜怒哀乐，也善于倾听别人的真情实感。由于善于倾听，人们愿意向这类人物诉说自己的难题。内省式人物善于使他人敞开思想，无疑是一种有用的管理才能。内省式人物还很会呼应别人。比如点头，或者说："我明白了，……啊，嗯……，我懂了"等强调他在倾听。

演讲的时候，你不难在听众中找出这种人。他们会不停地向你点头、微笑、给你鼓励。由于不愿指导别人，也不愿坚持己见，这类人一般不易建立威信，因为他们说起话来信心不足，他们在会议上发表的意见常常得不到重视。意志力强的人往往利用其谦恭心理来忽视他们或打断他们。让内省式人物做你想让他做的事很容易，但要让他毫无怨言或不搞破坏却不容易。

顽固的内省式人物有可能假装忘记你交代的事，从而激怒你，使你出丑。要避免这些消极行为，就应该在日常交往中建立起感情联系，交谈时要吸引他加入对话，避免使用极端言辞，而且在任何时候都要关心其内在的需要。

（4）长官一样的人

这类人认为，诚实地交换意见和信息、分析细节是交流的主要目的。长官式人物能成为启迪人的领袖，但人们会觉得他像潜在的独裁者。

这类人物感情强烈，常常盛气凌人。他认为没有必要什么时候都那么诚实。如果认为你受得了，他会直截了当地说出来他的看法；否则，会用较缓和的方式指出你的错误。

长官式人物既关心最终成果，也关心细节，因此，他不用别人帮助就能得到完美的结果。然而，这又是一把双刃剑：因为别人会把这种独立解决问题的能力，看成他自命不凡的根据。

在公开场合，长官式人物能言善辩，但在人际交往中却一筹莫展。作为雄辩的演说家，他能鼓舞成千上万人移山填海，但在一对一时，却有可能是灰溜溜的失败者。

长官式人物在工作中往往处理不好同事关系。这类人易与别人发生争执，自找麻烦，因为他的特点就是只说，却不善于听。和长官式人物交流，最好采取这样和他说话：在着手说服他之前，不妨先奉承几句，让他知道你对他看法评价很高。接着，指出采纳你的意见会提高他的威信，要让他有机会验证你的看法，这样，再来找你讨论方案时，他就会把它们看成自己的意见。

（5）密友一样的人

说他们像朋友一样，是指他们待人亲切、耐心，相信通过交谈能解决问题。交谈起来，他们热情、随和，善于分析，但说话啰唆。他就像在轻声细语讲故事，希望博得别人的青睐。这类人物希望通过敞开心扉，缩短与对方在感情上的距离，与别人建立人际关系。

虽然这样的人最健谈，但因为他说话不傲慢，所以比好较真的人或长官式人物易于为人接受。和内省式人物一样，在敌意增强时，这样的人也会躲到一边；但又和较真式人物一样，他还会第二次、第三次、第四次去尝试说服别人，其论点或证据明显围绕自己或朋友的亲身经历。

这样的人词汇丰富。要是辩论占下风，他会搜肠刮肚翻出词语反击，害得对方与其承认听不懂他的话，还不如举手投降。

说服这样的人要有耐心，并善于洗耳恭听。除了必须听完他喋喋不休的谈话，个人经验是说服他的关键。要设法让他把你纳入其个人经验的范围里，你也要这么做。

与多个异性聊天，怎么应对？

谈话中的尴尬场面常见于异性之间，特别是当一个人面对两个或两个以上的异性时，他会无形中感觉到一种心理的压力，而这种压力会使得他的谈话毫无章法，这是必须引起我们注意的。

通过观察，我们很容易发现，几个男子和几个女子在一起，谈话的局势可称半斤八两，谈话的平行发展是不成问题的。但是，如果一个男子置身于几个女子之中，或一个女子置身于几个男子当中，情形就有些不同了。

一个男子最为苦恼的，就是他身处在几个女子当中的时候，不易找到一个插入谈话的机会。有些女子决不会为旁边的那个男人着想，她们开始谈头发、谈衣服、谈胸饰、谈鞋和丝袜，所论及的都是那么琐碎，以致那唯一的男子虽不完全外行，也不好意思插进去说上几句，这该怎么办呢?

如果不愿意保持缄默，又不便离开，要打破这个局面就应该设法把谈话的范围引带到较广阔的境界去。他不能谈政治、谈社会问题，在女人占优势的场合中，这些题目决不会引起她们的兴趣和共鸣的，除非她们是一群女权运动者或社会活动家。他应该在她们最感兴趣的焦点中寻找话题。

“听说外国人最近发明了一种新的纤维，织成丝袜，可以久穿不坏。”像这样的一句既投其所好，又引起她们好奇的话，是一句很适当的转换话题的开始。这以后，你渐渐转入外国人的发明事业，再转到电影、风俗习惯等等，以一种主动的姿态将她们刚才所谈的头发啦、衣服啦、修饰啦等等之类的话题抛到九霄云外，使她们把注意力转移到你的话题上来，这样你就不至于受冷落了。

至于一个女子在许多男子当中时，情形就和上述的例子不同了。不消说，男人与男人之间所谈的话题是广阔的，也许是政治，也许是经营之道，也许是社会问题，也许是国际形势。在这种场合中的女子，可以一直保持缄默，但必须保持一种倾听的态度。如果一个女子要想把话题转移到发式、衣饰方面，那几乎是不可能的，男人们绝不会对这类话题保持长久的兴趣。

此外，这里还必须提醒一句，在这种场合中，女的不要和男的交头接耳，低声细语，以及做一些使人莫名其妙的事情，如突然打开提包翻弄一下，或吃吃发笑等等。

在恰当的时候，说恰当的话

聊天是双方交流信息的过程，不是一方面的事，一个人不论说话内容如何精彩，如果时机掌握得不好，对方恰巧在想别的，就无法达到沟通的目的。因为听者的内心往往随着时间变化而变化。要想让对方愿意听你的话，或者接受你的观点，你就应该学会选择适当的时机。

这就好像足球比赛，如果你的队友心不在焉，甚至根本没在位置上，不管你传出去的球多么精妙，你的传球还是没有效果。能在比赛里面赢球的球队，一定是配合默契的球队。

具体来说，聊天要受到诸如聊天对象、设定时间、周边环境等种种限制，所以聊天也要把握时机。如果该说的时候不说，时机转瞬即逝，便失去了发言的机会；如不顾说话对象的心态，不注意周边的环境气氛，不到说话的火候却急于抢着说，很可能引起对方的误解，甚至反感；如果信口开河，乱说一通，后果就更加严重。

小陆是个专业的司仪。一天，他被人请去主持婚礼，按照家乡风俗，新郎、新娘要入席吃菜用饭，然后再一桌一桌地给客人敬酒。新郎新娘在众人的簇拥下入席，来宾们也分别入席。第一盘盛满喜糖和糕点的盘子，由一个帮忙的伙计端了上来。可是就在伙计把盘子放在桌子上的时候，只听“咔嚓”一声脆响，盘子裂开了。宾客们听到刺耳的声音，目光全都集中过来。端盘子的伙计吓了一跳，慌了神，脱口而出：“怎么是个破货？”话音落地，现场的气氛一下子紧张起来。见此场景，经验丰富的司仪小陆灵机一动，高声说：“大喜、大喜，这叫破旧立新，‘岁岁’平安。”一句话使现场紧张的气氛重新变得欢腾起来。

小陆说的“破旧立新，岁岁平安”，如果不是之前有伙计的失手和失言，这两句话本不算特别得体的话，较真的人可能还觉得刺耳。但伙计的失误使大家都陷入了尴尬当中，这时候所有人都在想用合适的方式掩盖过去，小陆这两句，等于是替众人解了围。婚礼结束后，大家都称赞他反应快、说话得体。

这件事说明，把握说话时机非常重要，这个过程需要有充分的耐心，也需要积极进行准备，等待条件成熟，但绝不是坐视不动。

再举一例，谈谈说话分寸的把握。

张先生家的空调年头长了，制冷效果不是很好，张先生几次与妻子商量要换个新的，都被精打细算的张太太否决了。这一天天气异常闷热，张太太不仅抱怨起来，说再这样下去身上都要长痱子了，张先生忙不失时机地说："不如，咱们买个新的吧。"张太太想想了，便同意一同去看看。到了家电商场，他们看中了一款变频空调，一问价格，三千六百多块！张太太心疼了，连说不买了。这时，售货员忙说："这款空调虽然价格贵点，但真的非常省电，一个晚才用一度电左右，虽然价格高一些，但会为您节省很多电费，从长远的角度上看，还是很划算的。"张太太在心里一合计，的确是这个道理，再加上张先生在一旁不断地见缝插针，他们终于把一台新空调带回了家。

在这个案例中，张先生和那位售货员就都是很懂得掌握说话时机的人，张先生抓住了妻子的抱怨，而销售小姐则抓住了客户的心理，见机说话，双双达到了自己的目的。

其实我们在日常交谈中，尤其是在反映情况和说服别人的时候，非常需要注意把时机选在对方心情比较平和的时候。因为一些人由于劳累、遇到不顺心的事或正在把注意力集中在其他事情上时，是没有心情来听你说话的，而你，自然也就无法达成自己的说话目的。

在不该说话的时候说了，是犯了急躁的毛病；该说话的时候却没有说，那就失掉了说话的机会。在交谈的过程中，交谈双方的心理是呈渐变状态的，这就要求我们在和他人交谈时注意对方的心理活动，使谈话内容和对方的心境变化相适应并同步进行。只有在恰当的时间，说恰当的话，才能收到最佳的说话效果。

第4章 用心听，听见、听清和听懂

一个时时运用耳朵的人，肯定比只用嘴巴的人更讨人喜欢。在跟人聊天时，只顾自己高谈阔论、说个不停，丝毫不顾及对方感受，不仅是一件很失礼的行为，也会让人觉得你情商很低。学会倾听，是我们与人成功聊天的基本功之一。

人人都有被倾听的心理需求

从人性的本质来看，每个人最关心的都是自己。要使别人喜欢你，那就做一个善于倾听的人，鼓励别人多谈论自己。

乌顿在纽约的一家百货商店买了一套衣服。可这套衣服穿上却很令人失望：上衣褪色，把他的衬衫领子都弄黑了。不得已他又来到该商店，找卖给他衣服的店员，告诉她事情的情形。乌顿想诉说此事的经过，却被店员打断了。店员一再声称：他们已经卖出了数千套这种服装，乌顿是第一个来挑剔的人。正在乌顿和店员激烈争论的时候，另一个店员也加入了，他说所有黑色衣服都要褪一点颜色，并强调这种价钱的衣服就是如此。

当时，乌顿听到这些，简直气得冒火，店员不仅怀疑他的诚实，而且还暗示他买的是便宜货。乌顿恼怒起来，正要骂他们，正好经理走了过来。他懂得他的职责，正是他使乌顿的态度完全改变了。

他先静静地听乌顿讲述了事情的经过。当乌顿说完时，店员们又开始插话表明他们的意见。而此时经理却站在乌顿的立场与他们辩论，他不仅指出乌顿的衬衣领子是明显地被衣服所污染，并坚持说，不能使人满意的东西就不应在店里出售。他承认自己不知道衣服褪色的原因，并请乌顿提出他的要求。

就在几分钟前，乌顿还预备要店员留下那套可恶的衣服，但现在却决定听取经理的建议。经理建议乌顿再试穿一周，如果到时仍不满意，就来换，并向乌顿道歉。乌顿非常满意地走出了该商店，一周后这衣服没有毛病，乌顿对那家商店的信任又完全恢复了。

请不要忘记在与你谈话的人，对他自己、他的需要、他的问题，比对你及你的问题要感兴趣千倍。正如《读者文摘》中所说：“许多人之所以请医生，他们所要的只不过是一个倾听者。”

林肯在美国最黑暗的内战时，写信给伊利洛斯的一位老友，邀他到华盛顿来，要与他讨论一些问题。这位老友应邀前来白宫，林肯同他讲了有关黑人的诸多问题。谈论数小时后，林肯与老友握手道别，并把他送回伊利洛斯，竟没有征求他的意见。数个小时的谈话中，几乎所有的话都是林肯在说，那好像是为了舒畅他的心境。谈话之后，林肯对老友说谈话之后他感到安适。这位老友事后说，当时他只是一个友善的、同情的倾听者，他并没有为林肯做什么。

做一个倾听者，那是我们在困难中都需要的，那常是愤怒的顾客所需要的，那也是一些不满意的雇员、感情受到伤害的朋友所需要的。

愿意倾听，你会处处受欢迎

“上帝给了我们两只耳朵一张嘴，就是让我们多听少说。”这是先哲遗留下来的至理名言。

如果你希望成为一个善于谈话的人，那就先做一个注意倾听的人。要使人对你感兴趣，那就先对别人感兴趣。

最成功的商业会谈的秘诀是什么？注重实际的著名学者依里亚说：“关于成功的商业交往，并没有什么秘密——专心地倾听那个对你讲话的人的话最为重要，没有别的东西会令他如此开心。照此下去，合作成功是自然的了，也再没有比这更有效的了。”

实际上，即使那些嗜好挑剔别人毛病的人，甚至一位正处于盛怒的批评者，也常会在一个具有包容心与忍耐力且十分友善的倾听者面前妥协，即便那气愤的找事者像一条大毒蛇张开嘴巴吐出毒信的时候，也一定要沉着，要克制自己。

以纽约电话公司应付一个曾恶意咒骂接线员的顾客为例：这位顾客态度刁蛮，满腹牢骚十分不容易对付，他甚至威胁要拆毁电话，拒绝支付他认为不合理的费用，他写信发给报社，还屡屡向消协投诉，致使电话公司收到数起诉讼案件。

最后公司中一位经验丰富的“调解员”被派去访问这位不近情理的顾客。这位“调解员”静静地听着，并对其表示同情，让这位好争论的仁兄尽情地发泄他的满腹怨言。

“我在他那儿静听了几乎有三个小时，”这位“调解员”讲述道，“以后我再到他那里，仍然耐心地听他发牢骚，我一共访问了他四次，在第四次访问结束以前，我已成为他创办的一个团体的会员。有意思的是，就我所知，除这位先生以外，我是地球上这个团体的唯一的会员。”

“在这几次访问中，我耐心倾听，并且同情他所说的每一点。我从未像电话公司其他人那样同他谈话，他的态度慢慢变得和善了。我要见他的真实目的，在第一次访问时没有提到，在随后的两次也没有提到，但在第四次我圆满地解决了这一案件，使他把所有的欠账都付清了，他也撤销了向消协的投诉。”

毫无疑问，这位仁兄自认为在为正义而战，在为保障公众的权利而战，但实际上他需要的是自重感。他试图通过挑剔、刁难来得到这种自重感，但在他从公司代表那里得到自重感后，他所谓的满腹牢骚就化为乌有了。

倾听者虽然不开口说话，但聪明的倾听者往往积极地参与对话，当然这不容易做到。要做到善于倾听别人的谈话，很重要的一点，就是要全心全意，而且要真心投入，还能不时地问一些问题，鼓励对方多谈。其中包括机智、周到、不离题、简洁等特点。

其实，表示积极参与谈话的方式很多，绝不需要动不动就插嘴打断别人的讲话。方式虽然很多，但我们用不着招招纯熟。善于聆听的人经常应用几种自然轻松的方式，关键是要实际有用。

这些方式包括偶尔点点头，偶尔附和一两声。有些人会换个姿势或俯身向前，有时候微笑一下或招一下手，而目光的交流最能显示你是一位友好的人，因为这表示："我在非常认真地听你说自己喜欢的事情。"谈话中途停顿时，可以提出相关的问题，继续让他表现下去，让他有话可说、能说、想说。

最为关键的并不是你应该采取哪一种倾听技巧，因为这绝不是一件机械化或一成不变的事。但有一件事是确定的：善于倾听，会让你处处受人欢迎。

耐心而礼貌地听人说话

听话的艺术确实是一门多方面的修行，不仅需要你能听，还需要你会听。没有耐心和礼貌的人是无法得到完整的信息的。

有耐心才能求得"真经"，但除了耐心外，倾听还需要良好的修养和品性：你得有礼貌，以礼待人。只有这样，别人才愿意告诉你完整而正确的信息。

古时候，有个年轻人骑着快马赶路，很久都没有找到住处。忽然，他看到路边站着一位老农，他在马上远远地就高声喊道："喂，老头儿，这里离客栈还有多远？"

老人随口说道："无礼！"年轻人却以为这位老农告诉他是"五里"，于是策马飞奔，向前驰去。

结果，一连跑了十多里地仍不见人烟，他恨恨地想："这老头真可恶！"并自言自语道："五里，五里，什么五里？"猛然间，他醒悟过来，“莫非他说我‘无礼’？”于是他调转马头，往回赶去。

再次见到那位老农，他还在路边耕耘。这次年轻人已经认识到自己的错误，他连忙翻身下马，亲切地叫了一声“老人家”。还没等他发问，老人就说：“你已经错过了客栈，如不嫌弃，可到我家住一宿。”

有礼有节可以求得“真经”，人人都喜欢谦逊、懂礼貌的人。在倾听的时候，要掌握正确而完整的信息，礼貌的态度是必不可少的，这也是衡量一个人品性和道德的标准。如果你所听取的信息是非常有价值、有分量的，你就应该用最起码的尊重表达你的谢意，如果连这一点都做不到，也就不能指望别人会对你倾囊相授了。

前苏联著名教育家苏霍姆林斯基当校长时，曾经发生了一件感人的故事。那时，在苏霍姆林斯基所在的校园里开出了几朵很大的玫瑰花，因为非常漂亮，所以每天都会吸引很多的学生前来围观。

一天早晨，苏霍姆林斯基在校园里散步时突然看到一个小女孩正在采摘一朵玫瑰花，他心里很生气，“这种做法太自私了，玫瑰花是给大家欣赏的。”但是，他转念一想，这个小女孩是不是有什么原因才这么做的，他想知道这个小女孩的想法。

于是，苏霍姆林斯基叫住了这个“调皮”的小女孩，慢步到她的身边，耐心地询问小女孩这么做的原因。小女孩感觉很羞愧，她支支吾吾地回答苏霍姆林斯基说：“奶奶病得很重，她住进了医院。奶奶不相信校园里有这么大的玫瑰花，我采摘这些玫瑰花是想告诉奶奶，我说得没错。”耐心听完小女孩的回答后，苏霍姆林斯基立即摘下了两朵玫瑰花，对孩子说：“这一朵是奖给你的，因为你是一个懂得爱的孩子；这一朵是送给你奶奶的，感谢她培育了你这样好的孩子。”

面对小女孩摘花的违纪行为，苏霍姆林斯基没有粗暴地批评制止，而是温和、耐心地询问原因。因为只有耐心听完别人的话才能了解到事情的真相，才不会因为自己的错误判断而做出后悔的事情。苏霍姆林斯基正是这样做的，才从小女孩的回答中发现了一颗纯真的心灵、金子般的爱心。

但是现实生活中很多人却没有耐心听完别人的话，常常打断别人的话，或者断章取义地发表自己的意见。生活里很多矛盾和问题就是因为这种没有耐心的行为所引发的。

在生活中这种无礼的行为也确实处处存在，很多人也许有着执着求知的毅力，能吃苦，却没有良好的道德修养。因此，时常有人听不得别人的“絮叨”，直接让别人说出他想知道的结果，一副很不客气的样子；也有人觉得获得自己想要知道的信息是一种理所当然的要求，于是出言不逊，伤害了别人的自尊心。这些没有礼貌的行为最终会使自己受害，因为想要别人以礼相待，告诉你想知道的信息，你首先就得尊重他人、礼貌待人。

站在别人立场上听人说话

在人际交往中，善解人意的人总会受到大多数人的欢迎，因为善解人意的人能够设身处地地为别人考虑，体谅别人。在与人相处的过程中，这样的做事方法会让有困难的人感觉到友爱和温暖，所以人们喜欢和有这种性格的人交往。

设身处地地站在别人的立场上听别人说话、为别人考虑还需要有一颗和善友爱的心。

有一户人家，父母因为工作的原因需要在城里租一套房子。这对父母带着孩子在城里找了一天，也没有找到一处满意的房子。

当他们十分疲倦的时候，看见一处小区的窗户上贴着房屋出租的标志，于是这对父母带着孩子敲开了主人的房门。

开门的是一个老者，他打量了一下这三个人，然后问："你们要找谁？"

孩子的父亲说："我们看见您贴出来的出租标志，想看看您的房子。"

老者摇着头说："对不起，我不喜欢把房子租给有小孩的家庭。"

这对父母听见老者这样说十分失望。他们带着孩子离开了。刚走出这个小区的大门，孩子忽然说："爸爸妈妈你们等着我。"说完，他就朝小区里面跑去。

孩子来到老者的门前，又一次敲开了门。他对这个老者说："爷爷，您能把房子租给我吗？我没有孩子，只有父母。他们不会弄乱您的屋子的。"

老者看着这个孩子，忽然意识到他刚才的话伤害了孩子。这样的话，让孩子觉得他是一个被厌弃的人。老者看着这个懂事的孩子，决定将房子租给这个家庭。

老者听到孩子的话，及时和孩子做了一个位置的互换。假设自己是孩子，听到这样一番话后会怎么想呢？这样，老者站在孩子的立场上，自然就放下了自己的偏见。

人们在交流中，总是希望自己所讲的内容能够得到别人的理解。

比如有两个好朋友，一个受了委屈找另一个倾诉，一方将自己的痛苦说出来，听的这一方总是点头说："我知道，我都明白。"这会让感到委屈的朋友不再难过，因为他的委屈朋友理解，这样的理解在一定意义上是替朋友分担了一部分的心理负担。如果倾听的这个人没有站在朋友的立场上听，当朋友说出自己委屈的时候没有反应，这样做很可能会让两个人的友谊破裂。

有一个篮球教练带领着他的球队在职业运动场上获得了很多次冠军，记者采访他取得成功的秘诀是什么。这个教练总是说："我最不喜欢做的一件事情就是对我的队员大声呵斥。比如因为疏忽弄丢了一个球或者在训练的时候精神状态不佳，我都不会对他们大声说出我的不满。"

在球员的眼里，他们的教练是一个非常和善的人，因为无论发生什么情况，第一个原谅他们、听他们解释原因的都是教练。

很多时候，有些错误是根本不该犯的，如某个球员走神。在这个犯错的球员做出解释的时候，教练总是很耐心地将他的解释听完，然后告诉这个球员："我明白你面对的是怎样的压力。"这样的沟通方式让球员心里充满深深的感激，在每一次关键比赛的时候，他们总会尽全力来完成比赛。

这个教练说："在队员和我争吵的时候，我也不会和他们争吵，我总是听他们把自己的牢骚发泄出来，因为我知道他们为什么要这样说，知道他们面对的是怎样的压力。"

这个教练之所以能够取得成功，就是因为他懂得站在球队队员的立场上听他们诉说，能够设身处地地跟球员做角色的转换。

要理解人，听懂人，与人和谐相处，其实并不是一件困难的事情。

只要你有足够的耐心，知道在听人说话的时候设身处地地为别人考虑，有深刻的体会自然就能理解他人。这样一来，和谐相处就不是一件困难的事情了。

通过交谈细节判断人物身份

人说话跟自己的性格和职业以及精神状态都有很大的关系，这就要求听话的人做出正确的判断。如果能从说话人的话语里判断出他说话的含义以及包含的身份特征，那么就会让自己在交际的时候处于十分有利的地位。这样就能很快地掌握对方的信息，无论在什么情况下，都能为自己赢得先机。

俗话说："三句话不离本行。"我国一位著名的行为学家也曾经说过："人类有两种表情，一种表情是脸部呈现的，一种则是用语言传达的。"这样看来，语言其实就是人们的第二种表情。在任何场合的交往中，语言的沟通都是第一位的。这就要求我们在人际交往过程中，听懂别人在说什么。听懂说话人的真实意思，才可以知道说话人的身份。

在《水浒传》中有这样一段故事，林冲被发配充军，住在一个草料厂。因为风大雪大，草料厂又太破旧，林冲住的那两间草料房竟然被雪压塌了。林冲自外面回来，看到这样的情形不禁暗暗叫苦，他忽然想起在不远处有一座山神庙，于是决定到那里暂避一晚。

夜晚来临，林冲在庙里忽然看见草料厂着火了，准备出去救火，就在此时，听见门外有人说话。

其中一个人说："我们设的这条计谋好吗？"

另一个人说："真是多亏了管营、差拨两位大哥用心。这样我回京以后，一定会禀告太尉，保证你们二位都能做大官……"又一人说道："林冲这次被我们对付了以后，高衙内的病一定就会好了。"接着这几个人又说了一番京城的情况，然后一人说："这次我们火烧了草料厂，林冲若是被烧死，就罢了。如果没有被烧死，这个火烧草料厂的罪名他也是背不起的。"这时一个人提议说要回城去，但是另一个人说道："再等一等吧，看看能不能拾到他的一两块骨头，这样我们回去复命的时候，太尉和衙内也会夸咱们办事办得好。"

林冲听到这样的对话，即使没有看见这几个人，也已经知道了这几个人分别是陆虞候、差拨和富安。

在这场对话中，陆虞侯的身份在一句话中就表现出来，他说这次多亏了差拨和管营，在他自己回京城以后一定会向上禀告，提升他们做官。他是高俅的心腹，地位特殊，身份自然不同，而且这次来办这样的事情。他用做官来表示许诺，本身就说明了他的身份一定比另外两个人的身份要高很多。通过这样的说话方式，不看人也知道说话的是一个特殊身份的人，而林冲自然能从这样的对话中听出这个人就是陆虞侯。

而另一个说："林冲这次被我们对付了以后，高衙内的病就会好了。"首先他知道高衙内生病了，这样就说明他一直非常了解高府内部的事情，但是他说话又是一种顺竿爬的口气，让人很容易知道这个人一定是高府的一个下人，林冲便知道这个人是富安。那么不用说，剩下那个人就是差拨了。

通过这样的一番对话，这几个人的身份就被清晰地分析出来，即使不用看人，听他们说话的口气和内容也已经知道他们各自的身份了。

一般来说，听人说话，就知道别人是什么身份并不难，根据这些人在说话的时候最喜欢用什么样的方式或者有什么样的话在他们谈话的过程中是频繁出现的，就很容易判断出他人的身份。

首先，经常说“应该”“必须”“必定会”等这类词语的人。

在和别人说话的过程中，会经常或者反复使用这些词语的人一般都有很强的自信心，遇到事情的时候都会比较理智和冷静，有充分的自信，觉得自己能够在谈话的过程中说服别人。这样的人一般都是领导者，他们在说话的时候，上述的词语出现得比较频繁。

其次，在说话的过程中会用“可能是吧”、“或许是”或者“大概是”这样词语的人。

这种人一般不会将内心的想法轻易地透露出来，自我防范能力比较强。在待人处世的时候，一般表现得都比较冷静和理智，在大多数情况下，他们在工作和人事关系方面处理得不错。当然，在用这样的词语说话的时候，也有表示以退为进的意思。

再次，在说话的时候总是喜欢用“啊”“呀”“这个”“那个”等这类词语的人。

这样的语气助词在一个人说话的过程中频繁地出现表示此人是有一定地位的，一般拥有一定职权的人喜欢在说话的时候用这样的语气助词。这样的说话方式，不但能表示他们的身份，同时也是一种职业的惯性。当然，也有些特殊的情况，比如一个人的反应速度比较慢也喜欢用这样的词语。但是在没有此类情况的时候，使用上述词语的人大多数都是拥有职权和地位的人。

最后，在说话的时候喜欢用“但是”“不过”的人。

这样的语气一般是为了保护自己，但是也反映了说话人温和、委婉的态度，用这样的词语说话的人一般是从事公共关系工作的人。因为他们每天要面对的人有很多，有的时候在同一个时间里要面对非常多的人，这样在说话的时候，就要尽量用温和、委婉的语气，让别人接受自己的意见，还可以不用拒绝对方。在保护了自己利益的同时，也没有得罪别人。

把话听准了，听全了，是人际交往中非常重要的一点。只有把话听准了才能做出正确的反馈，如果连对方的意思都听不明白，搞不清楚对方究竟讲的是一件什么事情、针对的是谁，那么听到的话就是毫无意义的。听得准才能说得好，听得全才能会对意。如果听错了、听偏了，那么你在交谈中也就失去了优势地位，会处于非常被动的局面。

听出对方话里的关键之处

语言的艺术就在于同样一句话也可以表达出不同的意思，语气、语速的不同也会导致截然相反的两种意思。听话的目的就在于做出适当的判断和采取相应的对策，只有听出事情的轻重缓急才能在人际交往中圆滑处世，做到游刃有余。

比如一个“喂”字，如果事情非常紧迫，而你当时情绪又很紧张的话，你就会直接短促地喊“喂”。但如果是朋友约你吃饭或者谈些无关痛痒的话题时，电话里的谈话语速会平静而缓慢，仅仅开头打招呼的一个“喂”字就会延长发音。所以说，根据说话人的语气、语速的不同判断事情的轻重缓急并做出相应的判断和行动才是聪明人。如果不注意这些细节，本末倒置，就会遭人怨恨，有时甚至会给自己的工作和生活带来不利影响。

很多人听话没有节奏性，听到的就是单调的文字，因此他们不知道事情的轻重缓急，执行起来就会按部就班，“有条不紊”。

某公司办公室里，忙碌的员工莉莉正在奋力地工作着。老板走了过来，说：“帮我把这份文件整理一下，很紧急，快点。”说完，老板就转身回到自己的办公室里。

莉莉心中很不悦，“快点……哼，哪份工作不是重要的？手头的工作都没忙完，还要整理一堆新文件！”于是她继续噼里啪啦地忙自己手头的工作，“不管它，先忙完手头的工作，省得晚上还要加班加点。”

过了一会儿，老板打来电话催促：“好了没有？”

“知道了。”莉莉挂了电话，开始整理老板的文件，边整理边抱怨。

这时老板又打来一个电话：“顺便打印一份去年的报价表。”

于是莉莉又慢吞吞地整理起报价表。接下来老板又催促了几次，弄得她非常不耐烦，“这么多事情，我先做哪样啊？”老板听到这样的回答当然很气愤，不久莉莉就被辞退了。

莉莉的失败在于不会安排时间，不会倾听别人的话，不懂得按照紧急、重要的程度来安排事情的先后。只要善于倾听，就会处世圆滑，凡事都有缓和的余地。但如果对方的事情是迫在眉睫的，你却悠然自得地讨价还价，当然会自讨没趣。

听话要听音，更要听出事情的轻重缓急，不可按部就班。事情有轻重缓急，执行起来当然也会有先后，只有把对方的信息抓得准才能反馈得正确，让对方满意，并对自己的处世产生积极影响。

话要听精准，别犯主观的错误

听人说话话时，需要我们用客观的态度来对待，把别人的话听准，不要带着个人的主观意识来倾听，只有站在别人的角度上倾听，才能确保自己所得到的信息是比较客观的，也才能确保行动不会出错。

话需要客观地听，就如同说话需要从客观的角度来阐述一样。但是很多人之所以误听就是因为在倾听的时候融入了个人的主观意识，附加了个人的主观色彩，所以听到的信息就不准确了。

但事实上，一个人很难做到不被自己的感情所左右，倾听的时候也是如此。曹操的本性就在听话的时候也表现得淋漓尽致，他总会在听到的只言片语中分析个人的得失，把听到的话附上主观色彩，因此才导致他误杀了好人。造成这种后果的最直接原因就是错听，在听话的时候带着个人主观色彩，以至于产生了误解。

在生活中这种错听的例子很多，我们难保自己不会带着主观色彩去听话，从自己听到的只言片语中就开始分析、揣摩别人话中的意思。这是非常不明智的行为，而且如果自知听到的信息是不全面、不正确的，还要依照自己的判断去行动，那么结果很可能是无法收拾的。

办公室里的办事员刘松涛，一天到晚都想着如何巴结上司，好混个办公室副主任来当当。

功夫不负有心人，刘松涛终于逮到了一个千载难逢的机会。这天，上司点名让刘松涛陪他到外地出差。刘松涛私下里就有了想法：这是上司对我的信任。他不禁受宠若惊，同时又暗暗下了决心：一定要好好表现一下，把握住这次巴结上司的机会。

傍晚时分，刘松涛和上司到了外地，住进了一家宾馆。刘松涛早早地为上司准备了全功能瑞士军刀、电动剃须刀、名牌摩丝等外出生活用品。对于刘松涛的精心照顾、考虑周全，上司非常满意。上司拍着刘松涛的肩膀说：“刘松涛心挺细的嘛，好好干，有前途。”刘松涛听到上司的赞赏不禁得意起来，他觉得办公室副主任的位置已经在向他招手了。

刘松涛在回宾馆的时候看到上司住的房间屋门是虚掩的，于是走近了准备敲门进去汇报一下自己的思想，却在这个时候听到房间里传出上司的声音，原来上司正在打电话。刘松涛隐约中听到了上司最关键的一句话：“想去海南旅游。”

刘松涛心想一定要满足上司的这个愿望，给他一个意外的惊喜。为此，刘松涛暗中让宾馆帮他预订了两张去海南的飞机票，并擅自更改了返回单位的日期。

等到会议结束，到了预订返回的日子时，刘松涛喜滋滋地掏出两张飞往海南的机票递到上司面前。“这是什么？”上司一脸的诧异，然后脸色立刻就阴沉了，“为什么要改变行程？谁让你这么干的？”

面对上司的斥责，刘松涛觉得很委屈。他支吾着说：“老板，您不是在宾馆打电话时说很想去海南旅游吗？所以，我就帮您安排了这次旅游……”

“你胡说。谁说我想去海南旅游了？我那是给家里打电话呢，我儿子一直想独自去海南旅游，我不同意。”

刘松涛顿时傻了眼，一心想巴结上司结果因为听错了话，又擅作主张更改返回单位的日期被上司狠狠地斥责了。这下不仅耽误了上司的工作，而且还因为办错了事情，给上司留下了非常不好的印象。他似乎又看到了办公室副主任的位置在向自己挥手，不过这次是向他挥手告别。

刘松涛的失算源于他的错听，他带着个人主观色彩填补了自己没有听清的部分。一心想巴结上司的思想让他失去了判断力，结果导致自己错听，而且又按照这种错误的信息办错了事，触怒了领导。

生活中不乏刘松涛这样的人，他们因为没有听准别人的话，或者是带着自己的主观色彩来听，所以误听、错听了还不自知，结果也可想而知。

生活中，由于主观意识作祟，人们常犯先入为主的错误。譬如，在习惯了某一种说法以后，在听到和这个说法相反的说法时，自然会对相反的说法产生怀疑，即使这个新的说法是正确的。这种错误很不利于人们之间的交往，在日常的人际沟通中应尽量避免犯这种错误。

第5章　多赞美，给人无止境的优越感

是人都喜欢听好话，这一点毋庸置疑，但说好话并不单纯是指“专拣好听的说”，这样反而会让人觉得夸张、虚伪、做作。会聊天的人，说出的好话就像是水蜜桃一样，甜而不腻，沁人心脾。

一句赞美话，人人都欢喜

每个人都会认为自己很重要，自己做的事大多数都是正确的。在他看来，世界上唯一重要的就是他自己。当然，在这里不是宣扬“人人都自私”的观点。每个人身上都有对自己的满足感，还有重要感、成熟感。光是他们自己感受到了还不满足，还需要外界对他们的认同，在这种认同中他们感到社会已注意到他们的存在，心里在想：我还是蛮重要的，瞧这件事我办得多好。

一些话语比如“你行的，你一定行”“你是天才，你是个天分很高的人”“你是个很好的姑娘”，诸如此类的暗示性的语言能使人在举棋不定的时候重新获得勇气。

一位美国心理学家做过这样一个实验。他在某一所中学找到一个班，他向班主任说明了这个实验会让他看到一个奇迹，因为他在许多学校、许多人中间都做过此类实验，结果很成功。

他在暗中观察了很长时间，发现班上有一个相貌平平、毫不起眼的姑娘，于是他找了个机会，把全班（除了那位女生）召集到了一块儿，向他们说了他的打算。这位心理学家告诉学生们，从今以后，所有的学生都要把那位未到场的女生当作全班最漂亮、最迷人、最美丽的姑娘。3个月后，将会有奇迹出现。

于是，从那天起，学生们对那位姑娘的态度变了，再也不是以前冷冰冰的态度了。

刚开始那位女生受宠若惊，她惊奇地看着男生把别的相貌好的女生撇在一边不理，而向她大献殷勤，而女生们也带着钦羡的目光向她这边张望，老师们上课时对她的态度也变了，每次提问时，总是叫她的名字，当她答对了的时候，便会得到夸奖。那位姑娘就像坠入梦境一样，她不明白这些天来自己怎么会由一个灰姑娘一下子就变成了众人心目中的白雪公主。

一个星期过去了，人们仍像众星捧月一样对待她。于是她就开始注意自己的形象了，她的眉头舒展了，她的胸脯挺起来了，由于笑声经常陪伴着她，她的心情也渐渐地开朗、愉快了起来，经常与朋友们在一起尽情地玩乐。

两个月过去了，全班同学都惊奇地发现她与以前大不相同了。虽然容貌上不能算是美丽绝伦但也楚楚动人，而且微笑常常挂在嘴边，有的同学还说那笑像明星的微笑。后来，班上选班长，大家一致投票选那位姑娘，也许开始实验时，大家是在逢场作戏，可是到了后来，人们对她的肯定都是真心实意的了。

任何一个人成功的道路都不是平坦的，对那些从小就经历苦难的人更是如此。尤其是在他们最困难的时候，在他们感到前途渺茫看不到出路的时候，他们需要的不是同情的眼泪，也不是深切的惋惜，往往一句赞赏或鼓励的话语就会让他们树立起信心，去克服困难，迎接挑战。

在现实生活中，赞美与恭维不仅仅是一种现象，还是一门学问，更是一种艺术。

马克·吐温曾经说过："一句精彩的赞辞可以代替我十天的口粮。"

赞美别人、恭维别人，其实是一种智慧、一种策略，是人际关系至高无上的"润滑剂"。而且这种美丽的言辞又是免费供应，如此"于人有利、于己无损而有利"的事，又何乐而不为呢？

赞美他人和巧于恭维是一种博取好感和维系好感最有效的方法。

美国前总统威尔逊在竞选民主党总统候选人的时候，就应用赞美他人和巧于恭维的这种方法：有人发布威尔逊多年以前所写的一封信，在那封信里，他表示要将某议员打得一塌糊涂。在信件发布不久以后，在华盛顿的某一场宴会中，那位议员也在座，威尔逊在他的演说辞里，对那位议员的品格和他所以博得名誉的缘由赞誉备至。过了不久，威尔逊又和该议员碰面了，那位议员与原来判若两人，对威尔逊十分热情、客气，并在竞选中支持了威尔逊。

可以说赞美他人、巧于恭维是博得他人好感、获得他人赞同的一把金钥匙。把赞扬送给别人，就像把食物施给饥饿的乞丐。在许多时候，它就像维生素，是一种最有效果的食物。

无论如何，人总是喜欢别人奉承的。有时，即使明知对方讲的是奉承话，心中还是免不了会沾沾自喜，这是人性的弱点。换句话说，一个人受到别人的夸赞，绝不会觉得厌恶，除非对方说得太离谱了。

赞美，这既是一种至高的说话技巧，也是增进人们之间情感的重要桥梁，把赞语挂在嘴边，你会发现，你的身边不再有敌人。

遵守人际沟通中的赞美法则

赞美别人是一件好事，但并不是一件简单的事。如果在赞美别人时，欠缺一定的技巧，即便是真诚的赞美，也未必能够取得良好的效果。

制约赞美的因素主要有两方面：

第一，赞美者是否发自内心，是否真诚，因为虚假的赞美是不受欢迎甚至会令人反感的。

第二，被赞美者所得到的赞美是否是他所期望的，是否合情合理，因为不恰当的赞美也不能收到良好的效果。

大体上说，我们在赞美别人应注意以下几个原则：

（1）实事求是，措辞得当

在赞语尚未出口时，我们先要掂量一下：这种赞美有没有事实依据；对方听了是否会相信；第三者听了是否会不以为然；一旦出现异议，你有无足够的证据来证明自己的赞美站得住脚根。所以，赞美以事实为基础，切不要浮夸。

同时，措辞也要得当。一位母亲赞美孩子：“你是一个好孩子，有了你，我感到很欣慰。”这种措辞就很有分寸，既鼓励了孩子，又不会使孩子骄傲。反之，如果这位母亲说：“你真是一个天才，在我看到的小孩中，没有一个人赶得上你的。”这样，很可能会令孩子骄傲自满，将孩子引入歧途。

（2）赞美要具体、深入、细致

抽象的东西往往很难确定它的范围，难以给人留下深刻印象，而美的东西应该是看得见、摸得着的，这就是具体。例如，要称赞某人是个好推销员，你可以这样说——“老王有一点非常难得，就是无论给他多少货，只要他肯接，就绝不会延期”。

所谓深入、细致就是在赞美别人的时候，要挖掘对方不太显著的、处在萌芽状态的优点。因为这样更能发掘对方的潜质，增加对方的价值感，赞美所起的作用才会更大。

（3）赞扬要真诚、热情

经常看到有人在称赞别人时表现出来的那种漫不经心——“你这篇文章写得蛮好的”“你这件衣服还不错”“你的歌唱得还行”……这种缺乏热情的、空洞的称赞，并不能使对方感到高兴，有时甚至会由于你的敷衍而引发反感和不满。

如果将上述话语改成——“这篇文章写得好，特别是后面一个问题有新意”“你这件衣服很好看，这种款式很适合你的年龄”“你的歌唱得不错，不熟悉你的人没准还以为你是专业演员呢”……这些话比空洞的赞扬显然更有吸引力。

（4）将赞美用于鼓励

将赞美用于鼓励，能唤起人的自尊心、上进心。有些人因为第一次接触某件事，劳而无果，这时你应该怎样说呢？暂不管有多大毛病，你首先应该鼓励他：“第一次能有这样的成绩，已经不错了。”对第一次登台、第一次比赛、第一次写文章、第一次……的人，你这种赞扬会让人深刻地记一辈子。

大家若想将赞美运用得得心应手，可以参考以下几种方法：

第一，运用对比性的赞美。即把被赞美对象和其他对象相比较，以突出其优点。常用“比 ×× 更……”或“在 ×× 中最……”等句式表示。俗语说“有比较才能有鉴别”，对比性赞美给人一个很具体的感觉，但也正因为如此，从另外一个角度看，它会产生一个负面，从而容易引起人际关系中的矛盾。所以在比较时就不应该用贬低来代替赞美。

例如，两个学生各拿着自己画的一幅画请老师评价。老师如果对甲说：“你画得不如他。”乙也许比较得意，而甲心中一定不悦。不如对乙说：“你画得比他还要好。”乙固然很高兴，甲也不至于大扫兴。

第二，运用断语性赞美。即给被赞美者一个总结性的良好评价，语气要肯切。实际上，对别人的工作进行肯定就是一种赞美。但是这种赞美由于是较为全面的、总结性的评价，所以容易流于抽象，与赞美的具体性产生矛盾。赞美者也会给人一种高高在上的感觉，所以它经常和其他的方法结合在一起综合使用。

第三，运用感受性赞美。即赞美者就赞美对象的某一点，表示出自己的良好感受。它体现了赞美的具体性，因为它表示的只是赞美的感受，不受其他条件的限制，所以这种形式能充分发挥其赞美的优势。

第四，间接赞美。即当事人不在场时，说些赞扬他的话。一般情况，间接赞美的话语都能传达到本人耳中。在日常生活中，如果我们想赞扬一个人，不便对他当面说出或没有机会向他说出时，可以在他的朋友或同事面前，适时地赞扬一番。

据国外心理学家调查，间接赞美的作用绝不比当面赞美差。此外，直接赞美的程度不够会使对方感到不满足，不过瘾，甚至不服气；直接赞美过了头又会变成恭维，而用间接赞美的方法则可以避开这些问题。因此，有时我们与其当面赞扬，不如通过第三者间接去赞美对方。

总结起来很简单。即，我们赞美他人时，措辞一定要适度。适度、恰当的赞美会使被赞美者感到快乐和振奋，而过度、空洞的恭维、奉承，会令对方感到反感、难堪，结果往往适得其反。

性别不同，赞美的角度也不同

我们在赞美别人时，因为其自身心理特点不同，对男人、女人的赞美也不能采用相同的语言方式。

男人要面子好虚荣，多表现在追逐功名、显示能力、展示个性以显潇洒和能人之形象方面，而女人则表现在对容貌、衣着的刻意追求或身边伴个白马王子以示魅力方面。

男人对要面子、好虚荣毫不遮掩，有时甚至坦率得令人吃惊，而女子则总是遮遮掩掩、羞羞答答，“犹抱琵琶半遮面”。

女性对于面子、虚荣还有几分保留，而男子则是全力以赴去追求面子，好似他的人生目的就是面子一般。

男人为了面子可以大动干戈，有权力的甚至可以轻则杀一儆百，重则发动战争；女人为了面子则会大喊大叫或者在家里鬼哭狼嚎几声。

对于男人的面子千万不要去伤害、破坏，否则便万事皆休，一切都了——友谊中断，恋爱告吹，生意不成，升官无望，职称泡汤。

恭维异性，绝对要讲究技巧，否则稍有不慎便会招致不必要的误解。如果是初次见面，恭维还可能被理解成过于露骨的奉承甚至给人留下低俗的印象，无法将自己要表达的意思正确地传递给对方。

初次与异性会面，使用含糊的恭维之词是一种好办法。因为对于含意模糊的词句，人们多半会往好的方面理解。

对女性还应该注意下面的情形：

（1）加班时，如果对女职员说“你可以回去了”，不但没有讨好，反而容易使对方认为你轻视她。

某汽车厂的营业科长每见到我便发牢骚：“女孩子真是难以捉摸，没批两句就会哭，夸奖其中一个却得罪其他女孩子，这真让我头痛。”日前决算，他轻声告诉两个不必留下来加班的女职员：“你们可以回去了。”想不到对方却不高兴地说：“别人都留下来，我们为什么回去。”看来他的一番好意被她们当作轻视自己的话了。

其实，这是没有把握女性的心理特点所致，越是认真工作的女性越痛恨被歧视。遇到这种情形，不要只说：“你们可以回去了。”最好用安慰的口吻说：“你们每天很辛苦，今天可以早一点回去。”如用这样的好言相劝，那么对方肯定会感谢你的一番好意，高高兴兴回家了。

（2）千万不要在女性面前称赞其他女性。有人说：“女人的敌人就是女人自己。”对女性而言，其他女性全都是永远的敌人。

据说某市女中，有位男老师在课堂上总是以相同的速度走动，倘若中途不经意停下来，那么全班同学便认为老师对旁边的女孩子有意思。对此，也许有人会觉得很荒谬，但实际上确有男老师因不堪其扰而辞职。

女性在男女关系中没有所谓洒脱的状态，亦即没有所谓中立的状态。例如情侣相偕上街，男的看着迎面而过的漂亮小姐，说道："哇！好漂亮的女孩。"这种出于男性本能而又无心的一句话，其后果是深深刺伤女朋友的心，她会为此记仇不再理他。

即使是因为相同的事由，你也不应以同样的方式来称赞所有的人。不要去找任何时间、场合下对任何人都适用的"赞赏万金油"，那是不存在的。避免给对方留下"这人对谁都讲那么一套"的坏印象。

在很多人的聚会中，你千万不要搬出前不久刚称赞过其中某一位的话，再次恭维其他人。还是仔细想一想，每个人与他人相比，到底有何突出之处，这样就能因人制宜、恰到好处地赞扬别人。

一本正经、真心诚意的恭维

与其赞美一个人的优点，不如赞美他的最不显眼，在赞美中多加入一些真诚进取，则更会令人喜上眉梢。

一个人心存感激和赞誉他人是一种美德，不能发现别人的优点的人，要么无限优秀，要么极度狂妄。我们为什么看不到周围的人的优点呢？既然能看到他们的优点，为什么不能发自内心地赞美呢？发自内心地赞美别人和诚恳地批评别人一样令人欣慰。

不过，有些人的赞美并不是出自真心，而是一种随大溜儿的表现，他们跟着别人说重复的恭维话，或者附和别人的赞美，这种做法不仅使自己处境尴尬，还会引起被恭维者的反感。

古时候，朱温手下就有一批喜欢鹦鹉学舌拍马屁的人。一次，朱温与众宾客在大柳树下小憩时，无意中说了句："好大柳树！"

宾客为了讨好他，纷纷起来互相赞叹："好大柳树。"

朱温看了觉得好笑，又道："好大柳树，可作车头。"

实际上，柳木是不能做车头的。但还是有五六个人互相赞叹："可作车头。"

朱温对这些鹦鹉学舌的人烦透了，厉声说："柳树岂可作车头！我见人说秦时指鹿为马，有甚难事！"于是他下令把说"可作车头"的人抓起来杀了。

恭维如果是伪装的，会令对方认为是你在溜须拍马，盲目地追随别人的恭维更是如此。

其实在生活中，这种不恰当的颂扬和奉承并不少见，而结果往往只会激起被赞美者的疑虑甚至厌恶。一如雨果所说的那样："我宁可让别人侮辱我的好诗，也不愿别人赞美我的坏诗。"所以我们在赞美他人时，一定要讲究适度，要做到恰到好处，要讲究一定的技巧。

人与人之间相互交往，真诚是最基本的前提。赞美同样如此，如果你的赞美不是出于真诚，就会显得没有依据，因而引起被赞美者的疑惑乃至误解，甚至会引发对方的防范心理，导致交往难以继续。为避免出现这种状况，首先，你从内心中就必须坚信，被你赞美的人确实存在你所赞美的优点，而且你必须语出真诚，勿太夸张，这样才容易让对方接受。要做到这一点，不但需要合适的方式，而且还要具备一定的洞察力和创造性。

譬如，一位举止优雅的妇女对一个朋友说："你今天晚上的演讲太精彩了。我情不自禁地想，你当一名律师该会是多么出色！"这位朋友听了这意想不到的评语后，像小学生似的红了脸，露出无限感激的神态。

没有人不会被真心诚意的恭维所触动。哈佛大学弗尔帕斯教授经历过这样一件事：

有一年夏天，天气又闷又热，他走进拥挤的列车餐车去吃午饭，当服务员递给他菜单的时候，他说："今天那些在炉子边烧菜的小伙子一定是够受的了。"

那位服务员听了后吃惊地看着他说："上这儿来的人不是抱怨这里的食物，便是指责这里的服务，要不就是因为车厢内闷热而大发牢骚。19年来，你是第一个对我们表示同情的人。"

古谚云："精诚所至，金石为开。"当称赞之辞从舌底间流出的时候，很大程度上，言语中包含的真诚百分比已经显露出来，传到被称赞者的脸上或者心中。所以只有真诚的称赞，才能使别人感到称赞者是在发现他的优点，而不是作为一种明显的功利性手段去称赞他，从而使他自觉自愿地"打开"称赞者所需要的"金石"，或者接受称赞者在称赞背后隐藏着的不满，从而达到称赞的最终目的。

发自内心的赞美别人，首先就要对对方的成绩、作为或某一事迹等等，感到由衷地钦佩，真心认为对方了不起，然后再将其表达出来。而毫无诚意的赞美，则只会令对方感到厌恶、反感。此外，赞美不要过分期待回报，若存在这种念头，话一出口明眼人就看得出来，效果往往会适得其反。即便是一个冷眼旁观的人，也会觉得你是个市侩的献媚之人。

赞美有创意，效果更惊人

陈词滥调或者不着边际的赞美只会惹人生厌，赞美的直接目的是让对方高兴。如果你不低估人家的智力的话，赞美的话也得有新意才成。这就需要我们细致入微地观察对方，深刻地了解对方，发现对方鲜为人知的优点。当然，这种发现显然需在长期、深入的交往中才能完成。

一个人有某一方面的优点，必然会常常被人称赞，例如：你看起来很年轻、长得很帅、气质不错、能力不一般等等，这些赞词对他而言早已司空见惯，同样的话语或许已然无法令其心动，更不会引起足够的重视。

所以，如果你想将赞美的效果推向极致，就需要设法使自己的赞美更具创意，至少要与对方常听到的赞美有所不同。因为有创意的说辞总会优先引人注意。

一本书中说，一位将军听到别人称赞他美丽的胡须便大为高兴，但对于别人对他作战方式的赞誉却不放在心上，道理就在于此。大概不少人赞美过这位将军的英勇善战及富于谋略的军事才干，但是他作为一个军人，不论在这方面怎样赞美他，也只是赞歌中的同一支曲子，不会使他产生自豪感。然而，如果你对他军事才能以外的方面加以赞赏，等于在赞词中增加了新的条目，他便会感到无比的满足。可见，在赞美他人时，捧出新鲜的意味来是多么的重要。

有这样一个故事：

在几次的电话预约以后，一位商界成功人士终于答应同莉莉见面。莉莉很珍惜这次机会，因为她的目的是让此人成为她们公司产品的代言人。在一般情况下，商界人士是不屑于为其他人做广告的，"我又不是明星，那些出风头的事找别人去做吧！"这是他们的观点。为了在短暂有限的时间内能够说服这位成功人士，莉莉制订了详细的计划。她的计划是：想办法先赢得他的好感，然后努力延长对话的时间，这样才有可能成功。

见到了久负盛名的慕容先生后，莉莉打过招呼，然后微笑着说："您好，我仔细阅读了您的成功经历，您真是一个商界奇才啊！"

慕容先生显得波澜不惊，说："啊，真是奇怪，现在每一个人见到我都这样说。其实，我并不那样认为，这也是我给每一个人的回答。"

"不，不。您太谦虚了，中国像您这样的人物真的太少了。"莉莉唯恐慕容先生不高兴，赶紧又说。

"莉莉小姐，如果你是来跟我说这些的话，那么你可以走了。因为这些话对我没有任何意义，如果我想听这样的话，随便拉一个人进来可能都比你说得好。如果你没有其他的事情了，请不要浪费大家的时间。请原谅我的直白，因为时间对我来说实在是太宝贵了。很抱歉。"

莉莉动了动嘴唇，什么话都没有说出来。

出现这种尴尬局面，是莉莉万万没想到的，她怎么也没想到自己一番好心赞美，却被对方驳得面红耳赤，自己的真正来意还没来得及表达，就被下了逐客令。我们思考一下，莉莉的问题究竟出在哪儿呢？其实，根本原因就在于莉莉的赞美太过于普通化，毫无创意可言，甚至让人觉得是在听废话，是在浪费时间。

曾有一位优秀推销员在回忆自己的销售经历时说到，他曾遇到一位奇怪的客户，无论是你夸赞他对于社会做出的贡献还是吹捧他的成就，他都不屑一顾，但你若是夸赞他的胡须与众不同，他便会神采奕奕。

其实，与这位客户有相同心理的人并不少。或许，已经有很多人在他们面前表述过类似内容，因而对于他们而言早已司空见惯，所以你在这方面再怎么赞美他们，也不过是换汤不换药，不会引起他们的注意。

然而，倘若你换个角度，从其经商才能之外的地方入手，则往往会令他们感到欣喜，因为这意味着自己除了明面上的优点以外，还有与众不同之处，他当然会为此感到满足。由此可见，在赞美一个人时，假如有一些有创意的想法，绝对会令你事半功倍。

所以，我们在与人交往时，说赞美的话一定要字字珠玑，让人感到如沐春风，赞美别人时如不审时度势，不掌握一定的技巧，即使你是真诚的，也可能会变好事为坏事。就像煲汤，如果火候掌握得不好，那么再好的原材料也不会煲出味道鲜美的汤。只有火候掌握得好，赞美才会散发出最浓郁的香味。

赞美要具体，别给人以敷衍感

抽象的东西往往很难确定它的范围，难以给人留下深刻的印象；赞美的东西应该是看得见、摸得着的，这就是具体。如果要称赞某人是个好推销员，可以说："老王有一点非常难得，就是无论给他多少货，只要他肯接，就绝不会延期。"所谓深入、细致就是在赞美别人的时候，要挖掘对方不太显著的、处在萌芽状态的优点。因为这样更能发掘对方的潜质，增加对方的价值感，赞美所起的作用会更大。

某市文化公司要建造一座影剧院。这一天，公司王经理正在办公，家具公司的李经理找上门来推销座椅。

"哟！好气派。我从未见过这样漂亮的办公室，如果我有一间这样的办公室，我这一生的心愿都满足了。"李经理如此开始了他的谈话。他用手摸了摸办公椅扶手："这不是香山红木吗？难得一寻的上等木料哇！"

"是吗？"王经理的自豪感油然而生。他说："整个办公室是请深圳的装修专家装修的。"说罢，他不无炫耀地带着李经理参观了整个办公室，兴致勃勃地介绍设计比例、装修材料、色彩调配，兴奋之情，溢于言表。

不用说，李经理顺利地拿到了王经理签字的座椅订购合同。他得到了满足，他也给了王经理一种满足。

在这里，李经理最有亲和力的一句赞语恐怕就是那句“这不是香山红木吗？难得一寻的上等木料哇！”显得既内行又点到了对方的最爱，算是赞到了点儿上，也才使那位王经理敞开了心扉。

有意迎合也别落拍马之嫌

每个人都希望得到别人的认可和欣赏，都希望得到别人的重视，甚至会为此不顾一切。但是，任何一个人都不喜欢接受虚伪的奉承。你偶尔赞一下，会令对方备受鼓舞，但若老是拍马奉承，则会惹人生厌，所以，赞美时我们一定要把握好这个度。

赞美一定要避开“拍马”的嫌疑，否则，不仅起不到调和人际关系的作用，反而事与愿违。

在办公室工作，一般人往往容易注意别人的缺点而忽略别人的优点及长处。因此，发现别人的优点并给予由衷的赞美，就成了办公室难得的美德。无论对象是你的上级、同事，还是你的下级或客户，没有人会因为你的赞美而动气发怒，一定会心存感激而对你产生好感。

巧妙地运用赞美手法，让你的上级欣赏你，让你的同事帮助你，让你的工作得以顺利完成，为每个人营造一种和谐的办公室气氛，同时不失去自己做人的尊严和修养，事业的成功也就离你不远了。

有这样一则笑话：

有一个专拍马屁的人，甚至连阴间的阎罗王都知道了他的姓名，此人死后来到森罗殿见阎王，阎王一见到他便拍案大喝："好刁猾的东西，听说你专好拍人马屁。哼！我最恨你这样的！来人哪，把他舌头给我割了！"

那拍马屁之人连忙跪地叩头说："冤枉啊，冤枉，阎王爷有所不知，那世间之人都喜欢别人拍他马屁，我也是不得已而为之。如果世间之人都能像大王您这样明察秋毫，公正廉明，那我哪里还敢有半句恭维？"阎王听后，喜笑颜开道："谅你也不敢拍我马屁，先免了你这一刑罚吧。"

这虽然是个笑话，但也充分反映了赞美的妙处，故事中人的确是深谙此术，他既说了恭维话又掌握了分寸，即没有恭维不足，又不曾过分夸张，落下拍马之嫌，竟然使阎罗王在不知不觉中接受了他的奉承。能将马屁拍得如此滴水不漏，不能不说这是个绝顶高手啊！

事实上，适当地说说恭维话，也是为人必学的处世之道。韩非子就曾经说过一句话，大意为：恰当地赞美别人的长处，这是维系并发展人际关系的一条重要而实用的法则。因为，没有人不喜欢听好话，也没有人愿意听别人直言自己的短处，

"人告之以过则喜"，这是《论语》中的一句话。但现在的人际交往中并不提倡这种做法，恐怕只有子路孔子等大圣人才有如此雅量，一般情况下，普通人都不可能做到这一点。大家常说"良药苦口利于病，忠言逆耳利于行"，但真正能听得进逆耳忠言的人却并不多。所以说话时应当灵活，不妨适当说些恭维话。

只是可惜，在社交活动中，有些人的"赞美"总让人感到做作。他们总像戴着一副面具，不分场合和时间，巴结他遇到的每一个人，什么过头的话他都说得出口。他们认为向上司大献殷勤就能轻而易举

地得到提升，而不想通过努力工作而获得成功。

聪明的人并不这样认为。赞美别人并不是工作的全部，只是建立良好的人际关系，使自己的工作得以顺利完成、目的得以顺利实现的一种方法。让周围的人讨嫌、厌烦，对自己有什么益处呢?

赞美应该是发自内心的，是自然而然的善意的行为，不需要你绞尽脑汁，处心积虑，也不需要你时时小心谨慎。

把每一次赞美当作一次学习的过程，把他人的优点作为自己仿效的榜样，别人也就会很乐意帮助你。同时，在实践中学会更自然地表达自己的好意。

对别人的意见不要立即表示赞同，给自己一段时间，表现出你的谨慎和细致，然后给别人进一步表明意见的机会，让他们说服你。这样你的赞同就会显得更具价值。

在任何场合，对任何人，都要用适当的方法加以赞美。你可以把它看作是对未来的一笔投资，哪怕是别的部门的领导，或者是你所厌恶的人，也应该对他们的长处加以赞赏。这一样会给你带来回报。

赞扬不光是说好话，而是说让人舒心的话，可以采用问候、商量、关心、敬重的口吻。

如果你不相信对方，认为对方不值得赞美，就不必去赞美。虚伪的赞美会使自己陷入无法摆脱的困境，而对方也会觉得你在嘲讽而不是赞美他。

赞美是调和人际关系的好办法。但当着上司的面直接予以夸赞，既容易发生尴尬又很容易招致周围同僚的反感、轻蔑，从而使自己树敌太多。所以，赞美上司最好是在背地里进行，如，在公司的其他部门，上司不在场时，大力地赞美一番，这些赞美终有一天会传到上司耳中的。

和上司一起到顾客那里，若都是部属一个劲儿地抢风头，滔滔不绝，会令上司觉得难堪，难免在心里留下疙瘩。所以，最好的应对方式是细节部分由属下做说明，结论部分由上司来概括。

另外，以“经理，您认为如何”征求上司的许可、认同，看似降低自己身份，做了穿针引线的工作，实际上却掌握了谈话的主动权。

在归途中，要感谢上司给你的这个机会，并强调是因为上司的同行，才取得了这样好的效果。日后如果同顾客达成了交易，要再次对上司表达谢意，感谢上司相助。“感谢的话，不嫌多”，反正是不花一分钱嘛，何必要吝惜呢?

升级聊天软件，保证聊天更通畅

第6章　升级语言优美感，说话也要有颜值

语言若太过平淡，聊天时往往达不到感染别人的效果，本来生动的事情也会被你讲得枯燥乏味。为了聊兴更浓，人情更通，我们必须优化自己的语言风格，要使自己说出来的话、发出来的声音，更具有吸引力，悦人之耳，动人之心。

设置一个美妙的聊天背景

气氛是在交往过程中产生的影响各方的心理因素，气氛看不见摸不着，但是有经验的人甚至只需要一眼就能看出它的存在。热烈的气氛能调动起各方的情绪，在热情迸发时人们也比较喜欢接近。因此，把气氛炒热是搞好沟通的重要手段。

创造热烈的交际气氛的方法很多，现场即兴“表演”便是有效的一种。我们常常看到这样情形：在集会小歇之时，有人来一段即兴表演，高歌一曲，诵诗一首，每每激起阵阵欢笑，为交际活动锦上添花，献艺者也给人留下深刻印象。这说明，得体的临场献艺不失为谋求积

极交际效果的有效手段。

不管采用哪种形式，有几个问题需要把握：

⑴要满腔热情，有表现欲

有些人以为在交际中又唱又跳，显得不稳重，有失风度。其实，这是一种偏见，不应把这种即兴活动与正式交际对立起来。在交际场上适当搞一点活动，有助于塑造自己的良好交际形象，推动交际成功。因此，对此要有热情，要放下架子，有为交际活动锦上添花的欲望。

也有些人说："本人缺少'艺术细胞'，岂敢当众献丑。"其实，每个人都有自己的特长，都有比别人高出一筹的技艺。即使不能载歌载舞，也可能有一手好字好画，或装了满肚子故事、笑料，或能玩几手小戏法之类等等，任何一种技艺，哪怕是所谓的"雕虫小技"，都可能在特定交际场合找到施展的机会，这就看你有没有勇气和自信，想不想一展风采，为实现自己的交际宗旨服务了。

即兴而作毕竟不同于舞台演出，它并不要求人们有多么高超的艺术造诣，也不需要追求什么高水平的艺术效果，它不过是用来活跃气氛，展示自我，推动交际的一种"调料""味精"而已。如此看来，假如你的技艺很高，令人叫绝，那当然好，抑或你的技艺平平，只会作滑稽动作，甚至演砸了，现了"丑"也没有什么了不起，只要逗大家一乐，能引出惬意的笑声，活跃了气氛，也能产生良好的效果。

⑵节目要有趣味，又要便捷

即兴表演通常没有准备时间，所以要善于选择那些不用大道具，或完全不用道具的节目为宜。若能就地取材，以现场的一个小物件为道具拿来表演，效果就更好。同时，节目内容应与现场宗旨、气氛相协调，有助于烘托和推动现场气氛为宜。特别是即兴赋诗、作对联等在内容上直接体现集会主旨，那就更有意义了。

⑶要恰到好处，适可而止

现场即兴献艺只是交际活动的一种点缀，所以应以短小精悍，生动有趣的节目为宜，不能搞得太长，更不能喧宾夺主，冲淡了集会的主题。如此恰到好处地通过即兴而作给社交活动加点“彩”，交际活动就会变得更有味道了。

让声音悦耳，起码不能刺耳

声音是一个人的个性特征之一，电话中我们往往能从对方的第一句话就能判断出他是谁，同样，声音对语言有着强大的辅助作用。用对了字眼不仅能打动人心，同时更能带出行动，而行动的结果便是展现出另一种人生。

对一个正常人来讲，其发音有 12 至 20 个音阶。当然，那些职业演员和歌唱家要更高一些，有的可达到 36 个音阶。但不幸的是，有些人的声音可能只有 5 个音阶，他们发出来的声音让人听起来就像一根弦在拨动，十分单调，令听者感到头脑发涨。由此可见，一个人发出的声音是否能吸引住你聊天的对象，这对你的交往是否成功非常关键，在商务交往中更是如此。当你与他人聊天时，你所发出的每一个声音应首先给他人留下良好的印象，力求让人更好地了解你，更加充分地展示自己的征服力。

苏珊是一家广告公司的资深业务经理，她最关心和留意客户的销售问题，并总是乐于帮助他人解决难题，但她的声音却让人听来讨厌，那尖叫的声音就像一个小女孩发出的叫声。她的老板私下说，我很想提升她，但她的声音又尖又孩子气，让人感到她说话缺乏认真。我不得不找一个声音听来成熟果断的人来担任此职。显然，苏珊就是因为自己说话的音调不合适而失去了提升的机会。

事实上，一个人的声音不是一成不变的，通过一些技巧训练，可以克服你平时的一些怪癖和不良习惯，从而改善你说话时的语调、发音、音量、节奏、速度等：

（1）为了更加准确地知道自己的声音，你可以将录音机放在电话旁边，听听你每天打电话时的声音。

（2）请家人或朋友对你的声音作出一个真实的评述。

（3）将你在停顿或静默时反复使用的语气词记下来，在今后的谈话中尽量避免使用。

（4）进行发音训练。你可以在图书馆找到一些有关的书籍，针对自己的特点进行训练，或者找一些语言方面的磁带和录像带进行训练。

（5）进修一门公共言谈或演讲的课程。

总之，让我们变得更加成功的许多优异的东西不是与生俱来的，而是需要后天通过自身努力改变原有的东西。声音就是这样，你试着改变一下，也许你会看到一个意想不到的结果。

加入精准语气，使语言更生动鲜明

在所有使用有声语言的场合，都离不开语气。在一句话中，不仅有遣词造句的问题，而且还有用怎样的语气表达才能更准确、鲜明、生动的问题。

抗日战争时期，文学大师郭沫若在台下观看自己创作的五幕历史剧《屈原》的演出，他听到婵娟痛斥宋玉："宋玉，我特别恨你，你辜负了先生的教训，你是没有骨气的文人！"

郭老听后，感到"你是没有骨气的文人"这句话，骂得还不够分量，就走到后台去找"婵娟"商量。"你看，在'没有骨气的'后面加上'无耻的'三个字，是不是分量会重些？"

这时，正在一旁化妆的饰演垂钓者的演员张逸生灵机一动，插了话："不如把'你是'改为'你这'，'你这没有骨气的文人'，这多够味儿，多么有力！"

郭老拍手叫绝，连称："好！好！"

这一字之改，不仅使原来的陈述句变为坚决的判断句，而且使语言有强烈的感情色彩，语气也更加有力，婵娟的愤怒之情溢于言表。

驾驭语气是十分复杂的技巧，要注意学习掌握以下几点：

掌握语气的特点。语气包含思想感情、声音形式两方面内容，而思想感情、声音形式又都是以语句为基本单位的。语言有表意、表情、表志的作用，语气相应地也分为这三种：

⑴表意语气。表意语气指的是向对方传递某种信息。如陈述、疑问、祈求、命令、感叹、催促、建议、商量、呼应等。这种语气词或独立成小句，或用于小句末，或用于整个句子末尾。指明事实，提请对方注意，用“啊、呢、哦、嗯”等；催促、请求用“啊、吧”；质问、责备用“吗”，如与副词“难道”搭配，语气更为强烈；说理一般用“嘛”和“呗”；招呼、应呼用“喂”；揣测用“吧”。

⑵表情语气。表情语气是谈话中表现的感情。如赞叹、惊讶、不满、兴奋、轻松、讽刺、呵斥、警告等。赞叹用“呵、啊”，句中常有“多”字搭配；惊讶用叹词“啊、哎、哟、咦”；叹息用“唉”；制止、警告用“嘘、啊”；醒悟用“哦”；鄙视用“呸”，等等。

⑶表志语气。表志语气，就是对自己的说话内容表示某种态度。如肯定、不肯定、否定、强调、委婉、和缓等。肯定用“是……的”；缓和用“啊、吧”，语气显得平淡，不生硬；夸张用“呢、着呢”。

改变不良的习惯语势。人在社会化的过程中，由于受社会、家庭和个人的某种语言习惯的影响，形成了每个人独特的习惯语势，因此要尽早克服那些不符合语气要求的习惯语势。

有的人讲话声音变化很大，总是一开口声音很高、很强，到后来越说越低、越弱，句尾的几个字就几乎听不到了。

有的人讲话，总是带有一种“官腔”，任意拖长音，声音下滑，造成某种命令、指示的意味。有的人讲话，则喜欢在句尾几个字上用力，使末一个字短促，语气足，给人以强烈感、武断感，容易让人不舒服。

把握语气主要是做到句首的起点要参差不一，句腹的流动要起伏不定，句尾的落点要错落有致，这样就能使语气千姿百态、丰富多彩。

正确地运用语势，就会从语意上对每句话的表达给以具体把握。

根据不同的场合调整语气。要取得良好的效果，有声语言的表达，必须考虑场合、对象、时机等因素，要根据不同场合、不同对象、不同时机的语言交流特点，灵活恰当地运用语气的多种形式，做到适时而发。

⑴因地而异。把握语气要注意说话的场合，这是十分必要的。一般来说，场面越大，越要注意适当提高声音，放慢语速，把握语势上扬的幅度，以突出重点。相反，场面越小，越要注意适当降低声音，适当紧凑词语密度，并把握语势的下降趋向，追求自然。场合不同，应运用不同的语气。在谈话的场合和演讲的场合、论辩的场合和对话的场合、严肃的场合和轻松的场合、安静的场合和嘈杂的场合等等，都要根据情况使用不同的语气。

⑵因时而异。同样一句话，在不同时候说，效果往往大相径庭。抓住时机，恰到好处，运用适当的语气，才会产生正确有效的效果。

⑶因人而异。驾驭语气最重要的一条是因人而异。语气能够影响听话者的情绪和精神状态。语气适应于听话者，才能同向引发，如，喜悦的语气会引发出对方的喜悦之情，愤怒的语气会引发出对方的愤怒之意。语气不适应于听话者，则会异向引发，如生硬的语气会引发出对方的不悦之感，埋怨的语气会引发出对方的满腹牢骚，等等。

语气是有声语言最重要的表达技巧。掌握了丰富的贴切的语气，才能使我们的思想感情处于运动状态，对说话对象产生正面的影响，从而取得交际的成功。

你的语速，要让人觉得舒服

在聊天过程中，要留意自己，说话是不是太快了？如果说话快而致字音不清，就会使人听了等于没听。

说话即使快而清楚，也不足效仿。说话的目的在于使人全部明了，别人听不清，听不懂，就是浪费时间。我们要训练自己，讲话的声音要清楚，快慢要合度。说一句，人家就可听懂一句，不必再问。要清楚，陌生人或地位比你低的人是不敢一再请你重说的。

一家大报的广告部经理给一位语言培训专家打来电话，请他给其手下的一位员工保留一份工作，并向这位专家抱怨道："她已 40 多岁，并担任我的秘书 15 年之久，我很喜欢她的工作，可是她说话的速度快得令我紧张不安、无法跟上。几年前我不会像现在如此在意，可是随着工作压力与负担的加重，她的声音对我的刺激也愈来愈大。我并不想辞退她，可是要是她说话不放慢速度，我只好让她离开，以保持自己头脑清醒。"

事实上，说话的快慢确实可以通过练习来调适，声音的调适具有双重因素，如果你说话的速度太快，下列几点可以使你减慢，反之亦然：

（1）从 1 数到 10，第一次 5 秒钟说完，第二次 10 秒，第三次 20 秒。

（2）经常练习高声朗诵报纸上的文章，先用铅笔将你认为要连贯的字词做个记号，朗读时，同时移动铅笔，引导你的声音。要是你觉得自己平常说话的速度太慢，就加快一些；要是太快，就放慢些。

（3）以录音机录音，然后倒回重放，检查自己的速度，是否流畅，是否跳跃停顿。

（4）录下一些好的新闻报道，试着模仿播音员的播音。

有时，我们还可以发现，即使是同一个国家的人，他们讲同一种语言，不同地域的人说话的速度也不一样，某一速度对南方人十分恰当，但到了北方，就显得太快了。

有一位推销员，他发现自己经常无法把要说的话在限定的时间内说完。他也许行驶了100公里的路程赶到一位顾客家中，后来却只有15分钟介绍自己的产品。他发现自己最大的困难之一是如何组织自己应该说出的话。后来，他请教于一位语言专家，专家听了他的情况之后，建议他从学会调整自己的速度开始。在他开始练习调整声速之前，一般人只需要10分钟便可轻易讨论完的问题，他却要花15分钟。通过训练，他可以在10分钟内有效地讨论别人要费20分钟的问题，他可以随意地加快或减慢速度。

一旦你控制住了自己的语言，它就会乖乖地听你驾驭了。你可以放慢自己的速度，以满足听众的需要；你可以根据一天的工作安排、听众的类别、当时的气氛等因素来调整自己说话的声音、说话的速度，以应付不同情景的需要。

发挥微笑作用，为语言锦上添花

微笑是我们最常见的表情，有时候微笑代表善意、宽容，有时候微笑代表自信。微笑牵涉到我们的文明素质、生活内容和节奏，也牵涉到民族性格和文化传统。微笑是内心的愉悦自然地流露在脸上，它是伪装不出来的，非伪装不可，也是苦涩的微笑，倒不如不进行伪装的好。

新加坡是国际闻名的旅游城市，素以服务周到闻名。在新加坡一家饭店，一位旅客找到总台服务员，说自己是一位住店的客人的朋友，那位客人和他约好了见面，要他先去酒店房间等着。由于那位客人事先没有留下话，总台服务员没有答应其要求。等到客人回来后，见到朋友还在外面，十分不悦，跑到总台与服务员争执起来。公关部年轻的李小姐闻讯赶来，刚要开口解释，怒气正盛的客人就指着她鼻子尖，言词激烈地指责起来。当时李小姐心里很清楚，在这种情况下，勉强作任何解释都是毫无意义的，反而会导致客人情绪更加激动。于是她默默无言地看着他，让他尽情地发泄，脸上则始终保持一种友好的微笑。一直等到客人平静下来，李小姐才心平气和地告诉他饭店的有关规定，并表示歉意。客人接受了李小姐的劝说。没想到后来这位客人离店前还专门找到李小姐辞行，激动地说："你的微笑征服了我，希望我有幸再来饭店时能再次见到你的微笑。"

微笑是有所讲究的。

（1）首先要学会微笑

如果你对别人抱着友好的态度，对社会具有好感，自然会笑口常开，久而久之，微笑会自然地变成你自身的一部分。当你遇到别人时，如果心中想："啊！能看到你，真高兴！"把这种心情表现在你脸上，你会显得满面春风。

你每天都应抽出点时间去笑。在家庭中，也特别需要这样的调剂。笑，能使你在社会上人际关系融洽，家庭中天伦之乐融融。当你某一时刻心情恶劣时，设法使自己笑出来，是改变心情最好的办法。

无论你遇到的困难多么大，处境如何痛苦，一旦你笑了，你就可能撑得过去，不会被困难压倒，也不会向困境屈服。

如果你平时不太喜欢笑，又想学会笑，那么可先从搜集和剪贴各种趣事和笑料做起。用剪贴簿搜集资料当然很花费时间，但是只建立一个简单的笑料档案却很容易，把你所喜欢的和别人代你找到的笑话和漫画剪下来就可以了。

另外，再预备一本记事簿，记下日常生活中遇到的可笑事情，你一翻阅就会笑起来。

（2）笑要注意场合

笑在一般交际场合中都是畅通无阻的通行证，但这并不意味着它在任何交际场合中都适用。如果在不该使用笑的场合中使用了笑，那么，不仅达不到搞好人际关系的效果，而且还会受到别人的冷眼相对，甚至会引来别人的愤怒，这当然是很糟糕的。因此，我们在使用笑的时候，一定要注意场合。例如，当你参加葬礼或追悼会时，你对悲痛欲绝的死者家属就不能笑脸相迎。

（3）应和大家一起笑

许多人聚在一起时，如果别人的笑和幽默引起大家的共鸣，你绝对不能单独板着脸。大家都笑而你却正襟危坐，无疑会破坏气氛。讲笑话的人心中会十分不快，认为你有意和他为难，诚心不笑（其实你只不过认为并不好笑），其他的人也会认为你大煞风景。所以，在这种场合，表现出能欣赏别人的笑和幽默，和大家一起笑，是争取友谊或友好对待的方法。不要瞧不起别人的笑和幽默，不要认为笑和幽默是你的独有物；应该用笑声来表示对别人笑和幽默的赞赏，这样也会使你收到友谊的回报。

（4）应考虑对象

笑和幽默是孪生姐妹，但在运用时应注意对象。也就是说，要看对方的职业、职务、性别年龄和社会地位，要是不考虑这些，乱来一气是会把问题弄糟的。

此外，还应考虑对方的文化层次以及地域、国情、国别，还要记住对方的宗教禁忌。

当对方的地位高或职务重要时，你不能无端地用笑和幽默，而应先提出对方感兴趣的话题，然后在谈话中有分寸地表现你的笑和幽默。

在运用笑和幽默时，要考虑对方的性格特点，否则，你想搞好人际关系的希望就会落空，甚至带来麻烦。

对人微笑，对人运用笑和幽默，是想搞好人际关系，共同快乐地享受人生，并不是为了取笑嘲弄别人，更不是为了和别人比高低。否则，笑往往就会变成仇恨的种子。

我们应以微笑诚恳待人，搞好人际关系，以使工作和生活更快乐。但我们首先须懂得什么叫快乐，怎样才能使别人也使自己快乐。要是损人利己，取笑他人的过失，嘲弄他人的缺陷，这种笑是有百害而无一利的。我们不是为了取笑而微笑，微笑仅是为表示我们与人为善，助人为乐，正确对待人生，正确对待社会的态度。

精于变化，让表达不再干巴巴

汉语是世界上最奇妙的语言，我们在说话时运用的大部分词语，其实稍稍变化就可能给人完全不同的感觉。同一件事，不同的语言表达出来的感情也不同。

在口语表达中，不同的语序排列能改变人们思想感情信息的性质和力度，并对交际后果产生不同的影响。换句话说，口语表达的效果不仅与所表达内容本身的性质和分量有关，而且与这些内容展开时的语言顺序和结构方式相联系。词序的调整就像在做化学实验，明明还是那些成分，但出来的却是截然不同的结果，最终达到既不违反事实也表达了自己意思。

有些词组本来有着固定的位置，表达特定的含义。如果把其词语的位置加以变换、颠倒，其意义就会发生质变，或使强调的重点转移，因而能获得强化表达的效果。

有时，个别词语顺序的颠倒、变化，如果孤立地看似乎没有什么不同，但是，一旦纳入到特定的语言表达的语境中，就能产生神奇的作用。

按照一般的表达习惯，句子成分是有一定位置的。为了表达特殊的思想感情，可以把句中的某些成分加以互换、位移，以创造特定的表达效果。比如，说："你怎么了？"表达的是疑问和责备之意，显得比较生硬。改成倒装句"怎么了，你？"着重表达关切之意，显得和蔼可亲。"你快点！"表示命令，催促。"快点，你！"表示不耐烦，斥责之情。很显然，句子成分位置的变化，会带来所表达思想感情的微妙的变化。

著名作家孙犁在他的小说《荷花淀》里描写丈夫要去抗日，妻子看出了异样，用了这样的语言："女人看出他笑得不像平常，'怎么了，你？'""怎么了"，表示关切；"你？"表示亲切。这样变化语序，暗示了女人对丈夫的关心。对话现场只有他们两个人，所以这个"你"的称谓作用已经退后，主要起到传达亲切、关切的情感作用。也正因为关切，"怎么了"才会先说出来，这是情不自禁的。如果把语序颠倒过来，"你怎么了？"那就成了一般性的询问，女人对丈夫的关切之情就会弱化许多，而女人对丈夫变化的敏感更是表现不出来了。敏感体现了女人对丈夫的了解，体现了女人对丈夫的爱，没有了敏感，爱的表现就弱化了。

为了谋求理想的表达效果，不仅需要对口语表达中的个别词序和句子的顺序加以考虑，而且还应从宏观上对表达内容的先后顺序做通盘的策划和设计，可以使表达更切贴切。

名作家盖达尔旅行时，有个学生认出了他，便抢着为他扛皮箱，可是当发现皮箱有些破旧时，学生说："先生是'大名鼎鼎'的，为什么用的皮箱是'随随便便'的？"盖达尔接过对方的话，巧妙措词说道："这样难道不好吗？如果皮箱是'大名鼎鼎'的，而我却是'随随便便’的，那岂不更糟？”他的答对十分有趣，又寓意深刻，学生笑了。

有时长篇讲话更要精心谋篇，安排层次逻辑顺序，以追求强烈的整体表达效果。

掌握和运用语序变化的技巧，要为交际宗旨服务，绝不是无目的地玩弄文字游戏。如果离开了交际宗旨的需要，任意颠倒说话的语序，不但不能增强表达的效果，反而让人感到语无伦次，不知所云，那就事与愿违了。

满怀真情，分外动人

说话的魅力并不在于说得多么流利，多么滔滔不绝，而是在于是否善于表达真诚。善于在言谈话语间表达出自己的真诚的人，能够把自己的心意传递给听者，使听者达到情感上的共鸣，从而打动听者的心；而流畅但缺乏诚意的话语，就像没有生命力的绢花一样，虽然美丽但不鲜活。

有一位老师写了一本“思想政治工作方法”的书，出版社没有给他稿费，而是让他自行推销一千册作为报酬。对那位老师来说，这远比讲课要难得多。

为了把书推销出去，他在学员队搞了一次演讲，他说：“当老师的在这里推销自己写的书，总不免有些尴尬。不过，如今作者也很难，写了书，还得卖书。出版社一下压给我一千册，稿费一文没有，所以我不推销不行。这本书写得怎样，我自己不好评说。不过有两点可以保证：第一，这本书是我用三年时间完成的，是我心血的结晶；第二，书的内容绝不是东拼西凑抄下来的，是我自己长期思考的见解。前不久，这本书被思想政治工作研究会评为社科类图书的二等奖，这是获奖证书。说实话，对于我们这些教书匠来说，搞推销比写书还难，只是硬着头皮来找大家帮忙。不过，买不买完全自愿，绝不强迫。如果觉得这本书对你有用，你又有财力就买一本，算是帮我一个忙。谢谢。”他的这次演讲立即产生了效果，一次就卖掉了300多册。

这位教员不是专职推销员，但是他却获得了成功。从某种意义上说，他的成功就在于他恰到好处地表达了自己的真诚，赢得了听众的信赖。这再一次说明，在讲话中学会表达真诚要比单纯追求流畅和精彩更重要。

真诚的态度是成功的交际者的妙诀，也是演说者和听众融为一体、在情感上达到高度一致、在情绪上引起强烈共鸣的妙诀。那种把自己看作是凌驾他人之上的布道者，或自视为高人一等的儒士、学者，开口就是“我要求你们”“大家必须”“我们应该”这类的命令式词句，或用满口堂而皇之的言辞掩饰自己的真情，听众是绝对反感的。所以，当你说话时，不要忘记满怀真情实感。

第7章 升级语言幽默感，摆脱平淡的交谈

幽默是人们在社交场合中所穿的“最漂亮的服饰”。幽默聊天，能使自己更具亲和力，让别人更愿意接近你、更愿意与你深聊和交往。幽默的谈吐如同润滑剂，可有效地降低人际交往中的摩擦系数，化解冲突和矛盾，消除尴尬，使我们从容摆脱聊天时可能遇到的麻烦。

幽默口才是社交的需要

在交际场合，富于幽默感是令人羡慕的。妙语连珠、谈笑风生，很容易接通感情的热线。而在某些情况下，幽默还是化解困境的良药。

雅典的首席执政官听说哲学家保塞尼亚斯是个能言善辩的人，于是这位首席执政官便派人把保塞尼亚斯找到贵族会议上来，并对他说：“贵族会议的成员，每人都有一个问题要问你，你能用一句话来回答他们所有的问题吗？”

保塞尼亚斯不假思索地说：“那要看看是什么问题。”

议员们接连不断地提出了几十个不同的问题。当问题提完后，保塞尼亚斯还是不假思索地回答：“我全不知道！”

含笑谈真理，何乐而不为？这位哲学家用幽默式的谦虚避免了言多必失的尴尬，避免了为自己惹上麻烦，他也用自己的一句话诠释了笑的哲学。

有人说：“笑是力量的亲兄弟。”正所谓笑可以缓解人们的情绪，能表达出人类征服忧患的能力，也能增进人们的友谊、信任和联系，而幽默的笑则是一种有趣的、高尚的、会心的、意味深长的笑。在聊天中，一些就地取材的谐趣语言、灵机一动的理智闪光、不露痕迹插进的成语典故和幽默笑谈，即使讲话者调节了节奏，也使听者缓解了疲劳，从而给人以美的享受。

在人际交往中，当矛盾发生时，那些缺少幽默感的人，往往会把事情弄得越来越糟；而幽默者则能使交际变得更顺利、更自然。幽默是一种优美的、健康的品质，一个善用幽默的人，往往在悲苦时会显得轻松，欢乐时会显得含蓄，危险时显得镇静，讽刺时不失礼，孤独时不绝望。

不仅如此，幽默还可作为一种避免得罪人的“火力侦察”。当一个人准备向自己的友人提出某项要求又摸不准对方的态度时，可用幽默之语“放气球”，若对方由于某种原因不能或不愿满足你的要求的话，可以用开玩笑的方式加以推脱，这样就不至于因为拒绝而陷于尴尬境地，双方的自尊心也都不会受到伤害；若以幽默含蓄的方式提出的要求被对方应允了，则可以继而转入进一步的讨论，落实此事就不在话下了。

老舍先生说过：“幽默者的心是热的。”幽默的语言能使矛盾的双方摆脱困境，使僵局“稀释”并在笑语中消逝。英国戏剧家萧伯纳堪称幽默大师。有一天，年迈的萧伯纳在街头被一辆自行车撞倒，虽然没发生可怕的事故，但毕竟这一惊吓非同小可。骑车者立即扶起萧伯纳，并连连地大声向他道歉。萧伯纳打断了他，说道：“不，先生，您比我更不幸。要是您再加点儿劲，那就可以作为撞死萧伯纳的好汉而永远名垂史册啦！”萧翁这几句戏语使本来紧张的气氛消失于嬉笑之中。

有的幽默能启发人在忍俊不禁的大笑中引起思索，体会到蕴涵的哲理；有的幽默又能在人们嬉笑之后引发自省。有一次，生物学家格瓦列夫在讲课，突然，一个学生在下面学鸡叫，课堂里顿时一片哄笑。这时，格瓦列夫却镇定自若地看了看自己的挂表，不紧不慢地说：“我这只表误事了，没想到现在已是凌晨。不过请同学们相信我的话，公鸡报晓是低等动物的一种本能。”这种“张冠李戴”的幽默式批评，给学生们起到了警示的作用。

此外，幽默还有稳定情绪、减低愤怒、“化险为夷”的功能。在一个团队中，假如即将爆发尖锐的冲突，这时，如果有人插科打诨，运用几句妙趣横生的言辞，则很可能化干戈为玉帛，使剑拔弩张成为过眼烟云，从而避免发生一场“针尖对麦芒”的交锋。

一个人的语言可以像优美的歌曲，也可以像伤人的邪火。幽默机智的话能给人以喜悦满足之感，在社交中适地适时地运用幽默将会使人们的关系更加和谐、亲切。可以说，幽默是人类特有的天赋，幽默与智慧相伴。古往今来，许多智者都不乏幽默感，他们的智慧中蕴含幽默，幽默中含有机智，正如俄国文学家契诃夫所说：“不懂得开玩笑的人是没有希望的人！这样的人即使额高七寸、聪明绝顶，也算不上真正有智慧。”

怎样才能成为一个幽默的讲话者呢？简单地讲，就是说话时往往不用陈词套话，而要绕个弯子用俗语、谚语、外来语，或用比喻、比拟、反语、双关、移用等来说话。语言学家林语堂就很风趣："女士们、先生们：我觉得，绅士们的演讲，应该像女人们的裙子，越短越好……"我们日常生活中，只要不满足于"惯性表达"，善于说话前先在脑子里打个"弯"，这时说出来的话也许就俏皮得多。说一个人思想很保守，不听劝，可以说"他呀，榆树疙瘩，不开窍"就风趣得多。

使用幽默的三个要素

幽默是人生智慧的表现，可以凸显人格魅力。幽默和机智不相分离，一个有幽默感的人，更显其人格魅力。

有一位年轻人新近当上了董事长。上任第一天，他召集公司职员开会。他自我介绍说："我是杰利，是你们的董事长。"然后打趣道："我生来就是个领导人物，因为我是公司前董事长的儿子。"参加会议的人都笑了，他自己也笑了起来。他以幽默来证明他能以公正的态度来看待自己的地位，并对之具有充满人情味的理解。实际上他委婉地表示了："正因为如此，我更要跟你们一起好好干，让你们改变对我的看法。"

幽默是口才的极高技巧，它使口才艺术的运用尽显奥妙，它使人际交往变得神奇无比。学习一点幽默口才会让你的沟通变得更为畅通无阻。那么，如何才能让自己说的话更具幽默感呢？

我们需要记住以下两个原则：

（1）幽默必须真实而自然

我们经常看到和听到一些政治家们的幽默言行。他们大多把幽默的力量运用得十分自如，真实而自然。没有耸人听闻，也不哗众取宠，更不是做戏。这是因为，他们都知道太精于说妙语和笑话，对个人的形象并无帮助。

（2）敢笑自己的人才有权力开别人的玩笑

海利·福斯第说："笑的金科玉律是，不论你想笑别人怎样，先笑你自己。"

笑自己的观念、遭遇、缺点乃至失误，有时候，还要笑笑自己的狼狈处境。

有个人对一位公司董事长颇为反感，在一次公司职员聚会上，他突然问董事长："先生，你刚才那么得意，是不是因为当了公司董事长？"

这位董事长立刻回答说："是的，我得意是因为我当了董事长。这样我就可以实现从前的梦想，亲一亲董事长夫人的芳容。"

董事长敏捷地接过对方取笑自己的目标，让它对准自己，于是他获得了一片笑声，连那位发难的人也忍不住笑了。

（3）此外，如果你对自己幽默的手法没有足够的自信，不妨学学孩子式的幽默。即使在50岁以后，我们也经常为孩子们由天真而产生的幽默所感动。他们是真正以坦诚待人，不会隐瞒任何事实。当他们毫不掩饰地道出心里想的或事实真相时，人们一下子就喜欢上他们，跟他们在一起会感到跟任何人在一起都无法感到的轻松、愉快。

有一次，李卡克在家里请几位朋友吃饭。朋友来了，他妻子要他的小女儿向客人说几句欢迎的话。她不愿意，说：“我不知道要说些什么话。”这时一位来做客的朋友建议：“你听到妈妈说什么，你就说什么好了。”他女儿点点头，说：“老天！我为什么要花钱请客？我们的钱都流到哪儿去了？”李卡克的朋友们大笑起来，连他妻子也不好意思地笑了。

这就是孩子式的幽默。他女儿把母亲的想法以极纯真的方式说了出来，使大人们也不得不认真地检讨一下自己的想法，同时也减轻了我们对金钱方面的忧虑。李卡克从中得到了一点启示：孩子式的幽默能使我们显得格外真诚。

非常好用的幽默聊天技巧

诚然，谁都想把话说得幽默风趣，让听话者听得乐呵呵的，大家都开心，既表达了意思，又融洽了人际关系。但做到说话幽默，除了要求说话者见多识广、豁达乐观之外，还必须掌握一定的技巧。

（1）对比是造成幽默的基本方法之一

通过对比可以揭示事物的不一致性，使用对比句是逗笑的极好方法。古罗马政治家西塞罗就常用这一方法，比如：“先生们，我这个人什么都不缺，除了财富与美德。”

（2）反复也可以成为一种幽默技巧

反复申说同一语句，能够产生不协调气氛，从而获得幽默效果。

比如牛群的一段著名相声中的“领导，冒号”。

（3）故意啰唆

画蛇添足也能引人发笑。如马季的相声名段《打电话》，主要用的就是这种技巧。

（4）巧用歇后语

歇后语也是一种转折形式，它分为前后两部分，前面部分一出，造成悬念，后面部分翻转，产生突变，“紧张”从笑中得到宣泄。如：“三九天穿裙子——美丽动（冻）人”。

（5）倒置

通过语言材料变通使用，把正常情况下人物关系的本末、先后、尊卑等在一定条件下互换位置，能够产生强烈的幽默效果。如有语字的倒置，“连说都不会话”。

（6）倒引

比较常用的幽默方法是倒引，即引用对方言论时，能以其人之语还治其人之身。如老师对吵闹不休的女学生说：“两个女子等于一千只鸭子。”

不久，师母来校，一个女学生赶忙向老师报告：“先生，外面有五百只鸭子找您。”

（7）转移

当一个表达方式原是用于本义，而在特定条件下扭曲成另外的意义时，于是便获得幽默效果。

空中小姐用和谐悦耳的声音对旅客命令道：“把烟灭掉，把安全带系好。”

所有的旅客都按照空中小姐的吩咐做了。过了5分钟后，空中小姐用比前次还优美的声音又命令道："再把安全带系紧点吧，很不幸，我们飞机上忘了带食品。"

（8）夸张

运用丰富的想象，把话说得很大，也能收到幽默效果。大家比较熟悉的幽默"心不在焉的教授"，也是运用了夸张这一手法的。

教授：为了更确切地讲解青蛙的内脏结构，我给你们看两只解剖好了的青蛙，请大家仔细观察。

学生：教授！这是两块三明治面包和一只鸡蛋。

教授（惊讶地说）：我可以肯定，我已经吃过午餐了，但是那两只解剖好的青蛙呢？

（9）天真

弗洛伊德就曾把天真看成是最能令人接受的滑稽形式。

一位妇人抱着一个小孩走进银行。小孩手里拿着一块面包直伸过去送给出纳员吃，出纳员微笑着摇了摇头。"不要这样，乖乖，不要这样。"那个妇人对小孩子说，然后回过头来对出纳员说："真对不起，请你原谅他，因为他刚刚去过动物园。"

借幽默说出不便直说的话

幽默具有无穷的力量，有时甚至会超过伶牙俐齿。幽默的力量可用来释放你自己，使你的精神超脱尘世中的种种烦恼。幽默可增加你的活力，使生活多一点情趣。幽默的力量能使你令人难忘，同时给人以友爱与宽容。除此以外，幽默还能润滑现实，超越用其他方法无法超越的限制，委婉表达自己的观点。

公共汽车上，一位老太太不停地打扰司机，汽车每行一小段，她就会提醒司机她要在哪儿下车。司机一直很有耐心地听，直到她后来大叫：“但是，我怎么知道我要下车的地方到了没有？”司机说：“你只要看我脸上笑开了，就知道了。”

由于他人的妨碍，无法把工作做好，同时对此人又不允许直言冒犯，故而采用委婉的幽默方式便可达到目的，运用幽默的力量便能清扫成功道路上的障碍。

一天，索罗斯敲开邻居家的门说：“请把您的收录机借给我用一个晚上好吗？”

“怎么，你也喜欢晚间特别节目吗？”

“不，我只想夜里能够安安静静地睡上一觉。”

如果你在处理这些棘手问题时，不敢勇敢地表达自己的看法，而是用一般的方式希望对方主动妥协，往往很难奏效。

林肯对麦克伦将军没能很好地掌握军机深感不满，于是他写了一封信：“亲爱的麦克伦，如果你不想用陆军的话，我想暂时借用一会儿。”

如果一些人不能把分内的工作做好，又对他人期望值太高，要求太多时，也应该肯定地表达出你的看法，其方式当然曲折、委婉一点好。

有幽默感并且在事业中功成名就的人，会经常接收到来自他人的幽默，同时也常常以幽默的方式回报对方。因此这些人能够在交际中缩短与普通人沟通的距离，其成功的宝座就会越坐越稳。

查理在一家公司工作，他常常在工作时间去理发店。

一天，查理正在理发，碰巧遇见了上司。他想躲，可上司就坐在他的邻座上，而且已经认出了他。

“好啊，查理，你竟然在工作时间来理发，这是违反公司规定的。”

“是的，先生，我是在理发。”他镇定自若地承认，“可是你知道，我的头发是在工作时间长的呀。”

上司一听，勃然大怒道：“难道都是在工作时间长的吗？”

“是的，先生，您说得完全正确。”查理答道，“可我并没有把头发全部剃掉呀！”

不论语言正确与否，单就这充满幽默力量的对答就体现出员工的信心与机智，他相信，与自己的上司开个玩笑是在当时情况下处理尴尬局面的最好方式。

与你的下属一起快乐，并不是以你自己为中心，而是以关心他人的方式来邀请他和你一起笑，进而引发足以激励他人的幽默力量。

经理叫新聘的女秘书笔录一封信给旅行中的太太。当她把信写好给他看时，他发现漏了最后一句“我爱你”。

经理：“你忘了我最后的话。”

女秘书：“不！我没有忘记，我还以为你那句话是对我说的呢！”

正如每一位下属把自己的将来交给自己的上司一样，每一位经理和居于领导地位的人，也都把他的将来交在属下的手中。当你运用幽默力量去帮助别人，使之更有成就时，你会发现不仅更容易将责任托付给他人，而且能更自由地去发展有创意的进取精神。幽默的力量能改善你的将来，因为你的属下、同事会认同你，感谢你坦诚开放的态度，和你一起笑，对任何事情都持乐观态度，以轻松的心情面对自己的能力。

职员：“老板！”

老板：“什么事！”

职员：“我老婆要我来要求您提拔我。”

老板：“好吧！我今晚回家问问我老婆是否同意提拔你。”

这是以其人之道还治其人之身。幽默的背后蕴含鞭策，通过拿自己的取笑来达到激励对方积极向上的目的。

以幽默方式为自己解嘲

如果你讲话生硬、面无表情就会让人产生戒备感。这样会影响与他人的正常交流，也听不到他们真实的想法。要想吸引别人就要学会主动沟通，以幽默的方式拉近距离，产生共鸣。和善、幽默比较让人容易接受。

一家百货公司大拍卖，购货的人又推又挤的时候，每个人的脾气都犹如枪弹上膛，一触即发。有一位女士愤愤地对结账小姐说：“幸好我没打算在你们这儿找‘礼貌’，在这儿根本找不到。”结账小姐沉默了一会儿，说：“你可不可以让我看看你的样品？”那位女士愣了片刻，笑了。

作家欧希金也曾以幽默摆脱了一次困境。他在他的《夫人》一书中，写到了美容产品大王卢宾丝坦女士。后来在一次他自己举行的家宴中，一位客人不断地批评他，说他不应该写这种女人，因为她的祖先烧死了圣女贞德。其他客人都觉得很窘，几度想改变话题，但是都没有成功。谈话越来越令人受不了，最后欧希金自己说："好吧，那件事总得有个人来做，现在你差不多也要把我烧死啦。"这句话马上使他从窘境中脱身出来，随后他又加上一句妙语："作家都是他的人物的奴隶，真是罪该万死！"

幽默作家班奇利，在一篇文章中谦虚地谈到他花了15年时间才发现自己没有写作的才能。结果一位读者来信对他说："你现在改行还来得及。"班奇利回信说："亲爱的，来不及了。我已无法放弃写作了，因为我太有名了。"这封信后来被刊登在报纸上，人们为之笑了很长时间。事实是班奇利的幽默作品闻名遐迩，但他没有指责那位缺乏幽默感的读者。他以令人愉悦的、迂回的方式回答了问题，既保护了读者可爱的自尊心，也保护了自己的荣誉。

许多著名人物，特别是演员，都以取笑自己来达到双方完满的沟通。他们利用一般人认为并不好看的外貌特征来开自己的玩笑。如玛莎蕃伊的"大嘴巴"。还有一位发胖的女演员，拿自己的体态开玩笑说："我不敢穿上白色泳衣去海边游泳。我一去，飞过上空的美国空军一定会大为紧张，以为他们发现了古巴。"

笑自己的长相，或笑自己做得不太漂亮的事情，会使你变得较有亲切感。如果你碰巧长得英俊或美丽，要感谢祖先的赏赐，同时也不妨让人轻松一下，试着找找自己的缺点。如果你真的没有什么有趣味的缺点，就去虚构一个，缺点通常不难找到。

回敬一个幽默，化解分歧

人生常常有许多尴尬的时刻，在那一瞬间，我们的尊严被人有意或无意地冒犯，或者被喜欢恶作剧者当众将了一军。此时，有的人感到自己丢尽了脸面，无地自容，恨不得找个地缝儿钻进去。可是有些人却不，他们会面不改色，从容自若地谈笑如故，将有伤自己脸面的难局一一化解。著名电影导演希区柯克有一次拍摄一部巨片，这部巨片的女主角是个大明星、大美人，可她对自己的形象“精益求精”，不停地唠叨摄影机的角度问题。她一再对希区柯克说，务必从她“最好的一面”来拍摄，“你一定得考虑到我的恳求”。

“抱歉，我做不到！”希区柯克大声说。

“为什么？”

“因为我没法拍你最好的一面，你正把它压在了椅子上！”

这就是幽默的力量。

面对别人苛刻的意见和要求，恰当地回敬对方一个幽默，能够巧妙地表明你的看法和立场，而且不至于让场面过分尴尬。同样，当别人故意找茬儿，妨碍你工作的时候，运用幽默的力量也能够有效地处理好眼前的问题。

幽默是一种智慧的表现和心态的放松，人投身于社会中，总会遭遇无数的痛苦、悲伤以及困苦，如果你善于运用幽默的力量，能够主动地去创造幽默，那么世界一定会充满了欢笑，同时也可以化解不少的纷争。

一语双关，让交谈生动起来

说话时，可利用表面上指甲，实质上暗示于乙。通过二者对比，形成众人认同的反差，使人心领神会，从而达到幽默的效果。这就是“一语双关”。

双关是一种修辞方法，这种表达方式大多是利用了词语的多义性或词的音同意近现象，故意使某些词语在特定的环境中临时具有双重意义来表达说话者的意思，而听者可以借双关的意义心领神会，从而起到含蓄、生动或幽默、风趣的特殊效果。

双关在汉语中的应用历史悠久，并且具有丰富的表现力。人们所熟知的唐代诗人刘禹锡的《竹枝词》中的“东边日出西边雨，道是无晴却有晴”两句就是巧妙地运用了双关语，被广为传诵。有这样一则寓言：

足球对篮球说：“老兄，我们本是同一类，为什么你常常被人拍，而我只能被人踢呢？这不公平。”篮球不屑一顾地回答道：“小傻瓜，这还不简单么！因为我比你大，你比我小呗。”

这一则寓言运用足球、篮球一个被踢、一个被拍的不同遭遇，暗示了级别不同而形成的差别，幽默而风趣，辛辣地讽刺了现实社会中出现的一种不良风气。

一位中学语文老师在向学生讲授如何修改文章时，巧妙运用双关的表达方式，深入浅出地讲解了修改文章的重要性。他说：“每个人的脸皮就是一篇天生的‘文章’。古今中外，许多女人都是非常讲究‘修改文章’的。她们每天早晨起来梳妆，对着镜子，用增白霜反复‘揣摩’，再用高级胭脂、唇膏精心‘润色’，还要用特制的眉笔仔细地修改‘眉题’。甚至于连标点符号也毫不含糊——非要用手术刀将‘单括号’改为‘双括号’不可！你们看，这是何等严肃认真、高度负责的态度啊！”

这番生动形象、风趣幽默的双关语运用，使课堂里充满了笑声，使学生加深了对于修改文章重要性的理解，收到了引人入胜的效果。

一语双关的构成可以分为以下 3 种类型。

（1）语义双关

同音同字之下，一语多义，形成双关。例如人们常说的“穿小鞋”“上眼药”，在特定的语言环境中都具有双关效果。

（2）谐音双关

两个词语读音相同而意思不同，借用谐音婉转含蓄地表达出说话者的本义。如“道是无晴却有晴”中的“晴”即是“情”的谐音双关。

（3）借义双关

借用一个词语的意思来表达另外一个意义，就构成了借义双关。

例如，有这样一组问答：

问：你怎么看待一些人用“短平快”的手法赚大钱？

答：赚大钱既可以“高点强攻”，也可以“短平快”，只要不犯规就行。

“短平快”和“高点强攻”本来都是排球技术术语，有其特定的含义。这里借用以表示经商活动中的一些手段，含蓄而令人深思，属于借义双关。

从前，有个媒婆，她凭一张巧嘴不知使多少青年男女结了良缘。

一次，她遇到了难题。一位姑娘缺了一块嘴唇，一直嫁不出去；一个小伙子没有鼻子娶不上媳妇。他们虽然容貌各有缺陷，但找对象却都要求对方五官端正。结果，这位巧嘴的媒婆还是把他们说合了。

媒婆对小伙子说：“这姑娘没有别的毛病，就是嘴不好！”小伙子想，准是心直口快，爱唠叨，于是说：“嘴不好不算大毛病，慢慢她会改嘛！”媒婆对姑娘说：“小伙子什么都好，就是眼下缺少点东西。”姑娘听了以为是结婚礼品准备不全，就说：“眼下缺少点东西怕啥，我多陪嫁点就是了。”媒婆见双方表示同意，于是叫他们把自己的话写下，以免口说无凭。

在那父母之命，媒妁之言的社会，他们没有见面就这样定下了自己的婚姻大事。到了新婚之夜，真相大白了，双方都指责媒婆骗人，媒婆却拿出字据说：“我怕你们不满意这事儿，都清清楚楚、明明白白地告诉你们啦。（对小伙子）我不是跟你说了姑娘嘴不好吗？（对姑娘）我不是告诉你小伙子眼下缺点东西吗？可是你们都同意了，这不，还立了字据呢！怎么能说是我骗人？”两个人都无话可说了。后来这对青年生活得挺美满。

这位媒婆真是有口才，将一对无情却有缘的人牵到了一起。姑娘“嘴不好”，小伙子“眼下缺少点东西”，是利用多义构成双关：按小伙子的理解，姑娘“嘴不好”准是心直口快，爱唠叨，然而，还可表示“兔唇”；按姑娘的理解，小伙子“眼下缺少点东西”，是结婚礼品准备不全，然而，“眼下”的引申义是目前，指说话这个时候，媒婆却用的是它的字面意思，真的是“眼睛下面”。由于两位青年根据自己憧憬的形象，做了理想化的理解，因而产生了喜剧效果。

语言自身的特点为“一语双关”创造了条件，利用这种特点，言在此而意在彼，往往会收到独特的表达效果。

玩笑开过了，大家就都沉默了

交际当中，精彩得体的玩笑是一道令人心情舒畅的“开胃菜”。它通常是以创造欢乐和谐的交际气氛为目的，以自己或交际对象为话题，运用有趣的语言制造笑声的口语表达方式。一个人善于开玩笑，说明这个人自信乐观，又有机智动人的口才，有助于调动他人的亲近感，赢得他人由衷的钦佩和喜爱，进而促进交际的成功。有时候，玩笑话又是双方语言交锋碰出来的火花，这种玩笑话更是精彩异常。

开玩笑要根据不同的场合，不同的对象，不同的问题，恰到好处地运用开玩笑的方式为交际活动添上几束绚丽的花朵，让人情不自禁地发笑，让人笑得开心，在笑声中达到交际的目的。如果只是为了显示自己口才，这种玩笑虽然当时能让人发笑，久后人们一定会发怒。

罗斯福还未当上美国总统之前，家中遭窃，朋友写信安慰他。罗斯福回信说：“谢谢你的来信，我现在心中很平静，因为：第一、窃贼只偷去我的财物，并没有伤害我的生命。第二、窃贼只偷走部分的东西，而非全部。第三、最值得庆幸的是：做贼的是他，而不是我。”罗斯福通过这个玩笑，显示了自己重视品德甚于财产的品质。

英国首相威尔逊，在一次演讲中，刚进行到一半时，台下突然有个捣蛋份子，高声打断了他：“狗屎！垃圾！”演说受到干扰，不少听众纷纷把关注的焦点集中在捣蛋分子身上。威尔逊情急生智，不慌不忙地说：“这位先生，请少安勿躁，我马上就要讲到你提出的关于环保的问题了。”全场不禁为他的机智反应鼓掌喝彩。威尔逊和听众的互动重新开始，而那个捣蛋分子早就没人注意了。

威尔逊这个玩笑，拉回了听众的注意力，保证了和观众的沟通正常进行，而且打断了敌人的干扰，真可以说是一石二鸟。

毫无疑问，在与人交谈时，得体、适度地开开玩笑，可以活跃气氛，调节人际关系。但千万不要滥开玩笑，玩笑用错了场合、用错了对象，就会把自己置于非常尴尬的境地。正确的态度是——将玩笑当作味精——少则增味，多则恶心。一味地说俏皮话，无限制的幽默，结果反而不幽默了。比如，你把一个笑话反复地讲了很多遍，起初别人还觉得很有趣，到后来听厌了，不但不再感兴趣，还会觉得你很无聊。所以，使用玩笑一定要注意“度”，一旦过了头，就变成无趣了。

那么，我们应该怎样把握玩笑的尺度呢？大体上说，大家可以遵循以下几条原则：

（1）内容要高雅

玩笑的内容与人的思想情趣及文化修养有关。内容健康、格调高雅的玩笑，不但能够给他人带来思想上的启迪和精神上的享受，同时也能塑造自己美好的形象。而内容低级的笑话根本不能算是幽默，充其量只能算是比较滑稽的话。所以，在开玩笑的时候，要尽量做到内容高雅。

在一次演出时，钢琴家波奇发现剧场里有一半的座位空着，于是，他对观众说：“朋友们，我发现这个城市的人都很有钱，我看到你们每个人都买了两三个座位的票。”于是这半屋子听众大笑起来。波奇无伤大雅的玩笑为他赢得了听众的心。

（2）态度要友善

跟别人开玩笑，要以“与人为善”为原则。开玩笑的过程，其实也是交流情感的过程。善意的幽默能够加深你和别人的感情。但如果借着开玩笑的机会对别人冷嘲热讽、发泄内心厌恶不满的情绪，就会让别人觉得你人品低劣，而不愿再和你交往。

还有，切记不要拿别人的缺陷来开玩笑，那样别人就会认为你不尊重他人，只能引起对方对你的厌恶。因此，开玩笑的态度要友善，不要让你的幽默带有批评和攻击的意味。

（3）要分清对象

就像音乐是给懂得欣赏的人听的、画是给懂得欣赏的人看的一样，幽默也是给能够领悟其中含义的人听的。找错了对象的幽默，就会造成双方的难堪。

小张平时喜欢跟同事开开玩笑，一来可以活跃气氛，二来可以和同事沟通一下感情。一天，小张看见隔壁办公室的王女士穿了一条很漂亮的旗袍来上班，他很幽默地说道：“王姐，打扮得这么漂亮，准备出嫁啊？”其实，小张只是想间接、委婉地赞扬一下她的穿衣打扮。不料，王女士却勃然大怒道：“你是在咒我离婚还是在咒我老公死？”接下来，又是一连串的暴怒的谩骂。小张万万没有想到，自己赞美别人的玩笑话竟然被人家当成了诅咒。对怒不可遏的王女士，小张尴尬万分，只好当众跟她道歉。谁知，那位王女士是一个神经质的泼妇，逢人便说小张是个“十三点”。小张对此也只能苦笑连连。

同一个玩笑，对甲能开，不一定能对乙开；人的身份、心情不同时，对玩笑的承受能力也不同。如果对方性格外向大度，那么即使玩笑稍微开得大了，对方也能接受；如果对方性格内向，习惯琢磨别人的言外之意，那对这类人开玩笑时一定要小心谨慎；如果对方平时开朗大方，但刚好碰上不愉快或有什么伤心事，那么此时就不能随便与之开玩笑；相反，如果对方性格内向，但正好喜事临门，此时跟他开个玩笑，效果可能会好得出乎意料。

对长辈、女性、残疾人和初次相识的人，一定要慎用幽默。和长辈开的玩笑要亲切、高雅、机智，不要轻浮放肆，更不要涉及男女之间的风流韵事。和女性要慎开玩笑。对于不太了解或者完全陌生的人，更不能乱用幽默。和残疾人开玩笑时，一定要注意忌讳。每个人都不愿意别人用自己的短处开玩笑，残疾人尤其如此。

（4）要注意场合

幽默并不是什么场合都可以运用的。不分场合的幽默，结果只能适得其反。滥用幽默可能会降低你的工作成绩。

比如说，大家正在聚精会神地研究一个问题，这时，你突然在这里插进一句和工作无关的笑话，非但不能引人发笑，还可能遭到大家的白眼；又比如，老板让大家对某项工作发表意见和建议，你却在这个时候讲笑话，虽然把大家都逗笑了，然而老板却很可能因此认定你是一个不守纪律、没有礼貌的人；再比如，老板和全体职员欢聚一堂时，相互之间开些健康的玩笑来调节气氛，而你却在此时大讲“荤笑话”“黄段子”，弄得在场的女同事尴尬不已，那么，你很可能给老板留下媚俗、品位不高的印象。

开玩笑还要抓住时机，应该在某些特定的场合和条件下发挥幽默，而这些就像机遇一样可遇而不可求，关键在于你能否随机应变。如果总是为幽默而幽默，就会显得生硬、不合时宜、不伦不类，而幽默不但不能成为沟通中的“润滑剂”，反而还可能增加沟通的“摩擦系数”。不需要幽默的场合，无需生搬硬套幽默。如果当时的条件并不具备，你却要尽力表现幽默，结果只能使你陷入尴尬。

第8章 升级语言智慧性，促进沟通的延伸

真正的会聊天，往往不在于你是否能够口若悬河、滔滔不绝，在特定环境下，更在于对于细节的把握与处理。从细节入手提高语言表达的水平，可以让你的努力事半功倍，帮你迅速成为一个聊天高手。

语言的使用要具有策略性

我们想要做成一件事情，不但要有决定和毅力，也要讲究方式方法。一味地蛮干，只会将事情搞砸，与原定目标相差甚远。如果我们能够在适当的时候，讲究一点策略，不赤裸裸、直白地朝着结果去，而是采用迂回的方法，反而能够达到目的。

换而言之，我们的语言，需要掌握一定的心理技巧，这样才能因地制宜，运用恰当的技巧，对症下药。

美国南北战争结束后，有一个叫约翰·爱伦的普通人和一个在南北战争中的著名英雄陶克将军竞选国会议员。陶克在竞选演讲即将结束时，还说了几句很带感情色彩的话：

“诸位同胞们，记得17年前（南北战争时）的今天，我曾带兵在一座山上与敌人激战，经过激烈的血战后，我在山上的树丛中睡了一个晚上。如果大家没有忘记那次艰苦卓绝的战斗，请在选举中，也不要忘记那吃尽苦头、风餐露宿造就伟大战功的人。”

这话应该说是很精彩的，许多听众都认为爱伦定输无疑了。然而，爱伦不慌不忙，说了几句很轻松的话，便扳回了败局。他是这样说的：

“同胞们，陶克将军说得不错，他确实在那次战争中立下奇功。我当时是他手下的一个无名小卒，替他出生入死，冲锋陷阵。这还不算，当他在树丛中安睡时，我还携带了武器，站在荒野上，饱尝寒风冷露的滋味儿，来保护他。”

这话比陶克说得更高明了。因为听众中许多人是南北战争时的普通士兵，所以，爱伦的话更容易激起这些人的共鸣。于是，爱伦击败了陶克，胜利地跨进了国会大厅。

事实上除此之外，聊天时时我们还要消除“自我限制”的心理，因为自我限制往往使人作茧自缚，无法放开手脚、集中全力去谋求有创造性的成果。同时，我们也要能善于利用信息。有时候人拥有许多信息，却不知道如何去利用它，甚至还会使用错误，造成不好的效果。

比方当你夜晚送女友回家时，你知道该让车内保持幽暗，以增加浪漫的气氛，但是把车子停在两盏路灯之间呢？还是在路灯的正下方？大部分人一定会以为前者较为理想，其实光线从两边车窗斜射进来，反而把车内的情形照得一清二楚；而后者因为灯光只能照到车顶，车内反倒完全看不见了。信息的运用也正是如此，运用得当则有利，反之，就一无是处了。

所以，聊天时必须先认清自己的行动目标，把握资料的正确使用方法，随时观察对方的反应，尤其是越到最后阶段，越不能有丝毫的疏忽，最好是顺着对方的思路去接近对方，这样才能使对方心悦诚服，与你携手合作。要是一意坚持己见，结果当然背道而驰，离目标越来越远了。

此外，要想和层次较高的人聊天，就必须多看相关领域较高层次的书籍，丰富自己的知识储备，这样才可以随时跟得上对方的思路，否则很容易被对方当成外行轻视。如果自己真的不懂，就干脆承认。在行家面前不懂装懂只会让你更难堪。

聊天的过程中，不要忘记多赞美别人。哪怕别人没有优势或者优点可以表扬，也可以说一些中性的耐听的话，比如“下了一番功夫”“很有价值”等等。不要吝啬你的赞美，它就像生活中的阳光一样永远让人温暖的。

技巧有如种子，种什么因，就结什么果。如果希望与对方契合无间，就必须研究出一套恰当的手段，才能收到预期中的理想效果。至于什么样的手段才最恰当，并没有一定的标准可言，只要光明磊落，不搞旁门左道，能因人、因事而分别应变，知道何时该紧抓不舍，何时该放他一马，以求取最佳的结局。

攫取对方的好感，并不难

一句话由不同的人说，效果是完全不一样的，不单单是那句话的内容，说话方式也起着非常重要的作用。那么，我们平时和他人聊天的过程中，应该怎么做才能获得别人的好感呢?

（1）多提一些善意的建议

当他人关心自己时，只要这份关心不会伤到自己，一般人往往不会拒绝。尤其是能满足自尊心的关怀，往往立即转化为对关怀者的好感。

满足他人自尊心最佳的方法就是善意的建议。对方是女性时，仅说“你的发型很美”，只不过是句单纯的赞美词；若是说“稍微剪短点，看起来会更可爱”，对方定能感受到言者对自己的关心。若是能不断地表示出此种关心，对方对你必然更加亲切信任。

（2）偶尔暴露自己一两个小缺点

每当百货公司举办“瑕疵品贱卖会”，必然造成汹涌的盛况，甚至连大拍卖也比不上它的吸引力。为什么“瑕疵品”能如此激起人们的购买欲呢？主要是因为百货公司敢于明示商品具有瑕疵的缘故。

之所以如此说，是因为坦率地暴露缺点，反而使一般民众对该公司正直、诚实的作风留下深刻的印象，而此种诚实、正直往往转变成民众对其商品的信赖，自然公司也就大受其益了。

偶尔暴露一下自己的缺点并不是毫不保留地将所有的缺点都暴露出来。

暴露的缺点只要一两个就可以了，可使他人难以将这一两个缺点和其他部分联想在一起，因而产生其他部分毫无缺点的感觉。“这个人有点小缺点，但是其他方面挑不出毛病来，是个相当不错的人！”类似上述的想法就能深深植入他人的心中。

（3）要记住对方所说的话

某位心理学家应邀到地方上演讲时，不料主办者之一却问他：“请问先生的专长是什么？”他颇为不高兴地回答：“你请我来演讲，还问我的专长是什么？”

招待他人或是主动邀约他人见面，事先多少都应该先收集对方的资料，此乃一种礼貌。换句话说，表现自己相当关心对方，必然能赢得对方的好感。

记住对方说过的话，事后再提出来做话题，也是表示关心的做法之一。尤其是兴趣、嗜好、梦想等事，对对方来说，是最重要、最有趣的事情，一旦提出来作为话题，对方一定会觉得很愉快。在面试时，不妨引用主考官说过的话，定能使主考官对你另眼相看。

（4）及时发觉对方的微小变化

依我来说，一般做丈夫的都不擅长对妻子表现自己的关心。比方说，妻子上美容院改变发型时，丈夫明明觉得“看起来年轻多了”，却不说出口，因而使妻子心里不满，觉得丈夫不关心自己。

不论是谁，都渴求拥有他人的关心。而对于关心自己的人，一般都具有好感。因而，若想获得对方的好感，首先必须先积极地表示出自己的关心。只要一发现对方的服装或使用物品有些微小的改变，不要吝惜你的言辞，立即告诉对方。例如：当看到同事打了条新领带时，马上做出反应：“新领带吧？在哪儿买的？”像这样表示自己的关心，绝没有人会因此觉得不高兴。

另外，指出对方与往日不同的变化时，越是细微、不轻易发现的变化，使对方高兴的效果越大。不仅使对方感受到你的细心，也感受到你的关怀，转瞬间，你们之间的关系就会远比以前更亲密可信。

（5）提供对方关心的“情报”

一位朋友有个奇怪的习惯，总是在他人名片的背面写上密密麻麻的记事。

与其说他是为了整理人际资料或是不忘记对方，倒不如说是为了下一次见面做准备。也就是说，将对方感兴趣的事物记录下来，再度见面时，自己就可提供对方关心的情报作为礼物。

即使只是见过一次面的人，若能记住对方的兴趣，比方说是钓鱼吧！在第二次、第三次见面时，不断地提供这方面的知识或是趣事，借此显示自己对于对方的兴趣很关心，结果，必然使对方产生很大的好感。

或许有些人会认为此种做法太过于功利主义，事实绝非如此。此种做法的确出于对对方的关心，而去收集种种的“情报”。借着经常保持此种姿态，必然可将一般通用的话题化为自己控制的话题。换句话说，以长远的目标来衡量，此种做法能成为表现自我的有力武器，延续对方对自己的好感和信任。

让别人觉得你真心对他感兴趣

在人际交往中，真诚地对对方感兴趣可以帮助你赢得人心。每个人最关注、最关心的就是自己，因此，你应该尝试说一些关心他人的话，让对方真切地感受到你对他的兴趣和关心，就能收到事半功倍的交际效果。

就是由于对别人的事情同样强烈感兴趣，使得查尔斯·伊里特博士成为有史以来最成功的一位大学校长。他担任哈佛大学的校长，从南北战争结束一直到第一次世界大战的前五年。下面是伊斯特博士做事方式的一个例子。

有一天，一名大学一年级的学生克兰顿到校长室去借50美元的学生贷款，这笔贷款获准了。下面是这位学生后来在一篇文章中的叙述——“伊斯特校长说：‘请再坐会儿。’然后他令我惊奇地说：‘听说你在自己的房间里亲手做饭吃，我并不认为这坏到哪里去，如果你所吃的食物是适当的，而且分量足够的话。我在念大学的时候，也这样做过。你做过牛肉狮子头没有？如果牛肉煮得够烂的话，就是一道很好的菜，因为一点也不会浪费。当年我就是这么煮的。’接着，他告诉我如何选择牛肉，如何用文火去煮，然后如何切碎，压成一团，冷后再吃。”

还有一件同样的事，一个似乎一点都不重要的人，却帮了新泽西强森公司的业务代表爱德华·西凯的忙，使得他重新获得了一位代理商。他回忆说：“许多年前，在马萨诸塞地区，我为强森公司拜访了一位客户——这个经销商在音姆的杂货店。每次到店里去，我总是先和卖冷饮的店员谈几分钟的话，然后再跟店主谈订单的事。有一天，我正要跟一位店主谈，但他要我别烦他，他不想再买强森的产品了。因为他觉得强森公司都把活动集中在食品和折扣商品上，而对他们这种小杂货店造成了伤害。我夹着尾巴跑了，然后到城里逛了几小时。后来，我决定再回去，至少要跟他解释一下我们的立场。”

“在我回去时，我跟平常一样跟卖冷饮的店员都打了招呼。当我走向店主时，他向我笑了笑并欢迎我回去。之后，他又给了我比平常多两倍的订单，我很惊讶地望着他，问他我刚走的几小时中发生了什么事。他指着在冷饮机旁边的那个年轻人说，这个年轻人说：‘很少有推销员像你这样，到店里来还会亲切地跟销售人员打招呼。’他跟店主说，假如有人值得与他做生意的话，那就是我了。他觉得也对，于是就继续做我的主顾。我永远都不会忘记，真心地对别人产生点儿兴趣，是推销员最重要的品格——对任何人都是一样，至少以这件事来说是如此。”

一个人要是对别人真诚地感兴趣的话，哪怕你一句极平常的话也可以从即使是极忙碌的人那儿，得到注意、时间和合作。

一个人即使聪明绝顶、能力超群，但如果不懂得凭借真诚来培养和谐的人际关系，不能让别人从他的话语之间感受到真诚，那么，无论他的言辞多么悦耳动听，也不能收到良好的交际效果。所以，要想在交际中取得事半功倍的效果，你首先要对他人真诚地感兴趣。

有时说老实话，反而得罪人

生活里没有绝对的真实，如果你什么事情都实话实说，只会给自己制造出一大堆麻烦，甚至会与整个社会格格不入。

有这样一个故事：

从前，有一个爱说大实话的老实人，什么事情他都照实说，所以，他不管到哪儿，总是被人赶走。这样，他变得一贫如洗，简直无处栖身。最后，他来到一座修道院，指望着能被收容进去。修道院长见过他问明了原因以后，认为应该尊重“热爱真理，说实话的人”。于是，把他留在修道院里安顿下来。

修道院里有几头已经不中用的牲口，修道院长想把它们卖掉，可是他不敢派手下的什么人到集市去，怕他们把卖牲口的钱私藏腰包。于是，他就叫这个老实人把两头驴和一头骡子牵到集市上去卖。老实人在买主面前只讲实话说：“尾巴断了的这头驴很懒，喜欢躺在稀泥里。有一次，长工们想把它从泥里拽起来，一用劲儿，拽断了尾巴；这头秃驴特别倔，一步路也不想走，他们就抽它，因为抽得太多，毛都秃了；这头骡子呢，是又老又瘸。”“如果干得了活儿，修道院长干吗要把它们卖掉啊？”结果买主们听了这些话就走了。这些话在集市上一传开，谁也不买这些牲口了。于是，老实人到晚上又把它们赶回了修道院。听老实人讲述完集市上发生的事，修道院长发着火对老实人说：“朋友，那些把你赶走的人是对的。不应该留你这样的人！我虽然喜欢你的老实，可是，如果老实过了度就只能是个蠢材！所以，老兄，你滚开吧！你爱上哪儿就上哪儿去吧！”

就这样，老实人又从修道院里被赶走了。

其实，故事中“老实人”的遭遇并不是偶然的，现实生活中也不乏类似的例子。

阿文最近和他的老婆关系相当紧张，前几天甚至传出要“离婚”的消息，本来挺亲密的小两口，怎么突然之间要离婚呢？原来只是因为阿文在不经意间说出了一句过于真实的话。

那天下班很早，两个人吃过晚饭就靠在沙发上欣赏正在热播的青春偶像剧，影片里男女主角正爱得如火如荼，女主角深情地问对方：“你到底爱不爱我？”男主角随即说道：“我当然爱你，因为你是我身体的一部分。”阿文听了这句话后，自言自语道：“好！这是个具有智慧而又带点禅意的回答，简直堪称经典。”阿文的老婆听他这么说，上下打量了他一眼之后，便不断地拷问阿文：“你是不是也把我当成你身体的一部分呢？”阿文被问烦了，只好敷衍回答说：“你当然是我身体的一部分了。”阿文以为这样回答就可以交差了，谁料他的老婆听完之后却并不满足，而是继续问他：“那么，我到底是你身体的哪一个部分？”老婆本来是想听几句甜言蜜语的，可是，阿文却无奈地笑了笑，想逃避这个问题，老婆再三地追问，情急之下，阿文只好将真实的答案脱口而出，他诚恳地对老婆说道：“你是我的盲肠！”可想而知，听到这个答案之后，失望之极的老婆会有什么样的反应。

其实，当你面对别人，尤其是你的另一半，对你打破砂锅问到底的时候，千万别在情急之下，就将心中那个“正确的答案”脱口而出，因为这个“正确答案”可能会让你吃足苦头，就像上面故事里的那个可怜的阿文一样。

生活里没有绝对的真实，如果你什么事情都实话实说，只会给自己制造出一大堆麻烦，甚至会与整个社会格格不入。比如说我们常见的一些商品的广告词中从来不会有“本品有……缺点”之类的话，世间万物本来就不是完美的，你又何必像那位老实人一样把自己完全地暴露在别人面前呢？

谎言就像是生活的调味剂，在适当的时候说出来的谎言，饱含真诚，散发出温暖的光辉，能让说谎者与被“骗”者共享欢快。而过于真实只会让你身边的人“吃不消”，对你敬而远之了。

顺着别人的心理期待去讲话

“撇开道德的标准，谎言就是一种智慧。”真理和事实是客观的，说与不说一个样，只有谎言才能体现些“人文色彩”。生活离不开谎言，有些时候，你不能不说谎；在一些非常时候，甚至只有说谎，才会更加圆满。

《最后一片叶子》是美国作家欧·亨利的一篇短篇小说，它的故事是这样的：

在某医院的一个病房里，身患重病的病人房间外有一棵树，树叶被秋风一刮，一片一片地掉落下来，病人望着落叶萧萧、凄风苦雨，身体也随之每况愈下，一天不如一天。她想：当树叶全部掉完时，我也就要死了。一位老画家得知后，被这种悲泣深深打动了，他用画的树叶装饰树枝，使那位濒临死亡的女病人坚强地活了下来。

在我们的生活中，也不乏这样的事例，作为医生，面对一个生命垂危的重症患者，经常会宽慰他，对病人说：“只要配合治疗，很快就会康复。”

而几乎没有一个医生会对病人说：“你根本没有希望了，很快就会死。”同样，作为病人亲友的人，在去探望病人时，即使知道他活不了几天了，也要与医生配合，把谎撒下去，让病人满怀信心地接受治疗。因为生命本身有时是会创造奇迹的，即使没有奇迹出现，让病人充满希望地多活两天也是一种人道精神的表现。这个时候，你不撒谎，还能怎么办？

在医疗方面，谎言必不可少，在教育方面，适当的谎言也会对人产生积极的影响。

教育学家通过研究发现，教师如果善用美好的谎言鼓励学生，学生则会树立信心，并且真正有所进步。

曾经有人做过这样的试验：

把能力相当的初一年级学生分成三个小组，第一组经常给予表扬与称赞；第二组经常给予责备和批评；第三组既不给予表扬和称赞，也不给予责备和批评。

给三个组以相同难度的数学练习题做，这个实验连做了一个星期，得出的结论是：第一组学生的成绩在不断上升；第二组学生一开始有进步，中途就停滞不前了，学习效果不好；第三组学生前三天成绩上升，以后成绩变得直线下降。可见能使学生实力倍增的谎言格外受到欢迎。

大学教授们经常要给自己的学生写推荐信，这些推荐信可能是用来向国外学校申请奖学金，可能是用来到人才市场上参与激烈的职业竞争，如果学生的确是顶尖的人才，那便不必多说，照实写来就是了。倘若教授诚恳地指出该学生不是出类拔萃的顶尖人才，通常接受推荐的一方就可能理解为该学生是个差劲儿的学生。如果这样做，他可能伤害这个学生，使其失去深造的机会或难以找到工作，甚至对其一生的命运都会产生不良后果。所以，教授们提笔写推荐信的时候，必定在其中夸大学生的成绩和能力。你可以认为这是在撒谎，但撒这样的谎是必要的。

还有一类谎言是社会礼仪必须说的奉承话，这些话里大都含水分、夸张、空话连篇，听着那些千篇一律的空话套话，虽然心里并不一定十分愉快，但人类缺少这些空话与谎话，社交礼仪就无从谈起了。

“不经意”说出来话最让人受用

一句话能让听者笑逐颜开不是一件容易的事，这需要把握两个要点，一是说之前要观察准确，确保做到投其所好，二是这经过精心准备的话要以“不经意”的方式“随口”说出来，这让对方不会产生被刻意讨好的不快。

美国著名的柯达公司创始人伊斯曼，捐出巨款在罗彻斯特建造一座音乐堂、一座纪念馆和一座戏院。为承接这批建筑物内的座椅，许多制造商展开了激烈的竞争。

但是，找伊斯曼谈生意的商人无不乘兴而来，败兴而归，一无所获。

正是在这样的情况下，“优美座位公司”的经理亚当森，前来会见伊斯曼，希望能够得到这笔价值 9 万美元的生意。

伊斯曼的秘书在引见亚当森前，就对亚当森说：“我知道您急于想得到这批订货，但我现在可以告诉您，如果您占用了伊斯曼先生 5 分钟以上的时间，您就完了。他是一个很严厉的大忙人，所以您进去后要快快地讲。”

亚当森微笑着点头称是。

亚当森被引进伊斯曼的办公室后，看见伊斯曼正埋头于桌上的一堆文件，于是静静地站在那里仔细地打量起这间办公室来。

过一会儿，伊斯曼抬起头来，发现了亚当森，便问道："先生有何见教？"

秘书把亚当森作了简单的介绍后，便退了出去。这时，亚当森没有谈生意，而是说：

"伊斯曼先生，在我们等您的时候，我仔细地观察了您这间办公室。我本人长期从事室内的木工装修，但从来没见过装修得这么精致的办公室。"

伊斯曼回答说："哎呀！您提醒了我差不多忘记了的事情。这间办公室是我亲自设计的，当初刚建好的时候，我喜欢极了。但是后来一忙，一连几个星期我都没有机会仔细欣赏一下这个房间。"

亚当森走到墙边，用手在木板上一擦，说：

"我想这是英国橡木，是不是？意大利的橡木质地不是这样的。"

"是的，"伊斯曼高兴地站起身来回答说，"那是从英国进口的橡木，是我的一位专门研究室内橡木的朋友专程去英国为我订的货。"

伊斯曼心情极好，便带着亚当森仔细地参观起办公室来了。

他把办公室内所有的装饰一件件向亚当森作了介绍，从木质谈到比例，又从比例谈到颜色，从手艺谈到价格，然后又详细介绍了他设计的经过。

此时，亚当森微笑着聆听，饶有兴致。

亚当森看到伊斯曼谈兴正浓，使好奇地询问起他的经历。伊斯曼便向他讲述了自己苦难的青少年时代的生活，母子俩如何在贫困中挣扎的情景，自己发明柯达相机的经过，以及自己打算为社会所做的巨额的捐赠……

亚当森由衷地赞扬他的功德心。

本来秘书已警告过亚当森，谈话不要超过 5 分钟。结果，亚当森和伊斯曼谈了一个小时，又一个小时，一直谈到中午。

最后伊斯曼对亚当森说：

“上次我在日本买了几张椅子，打算由我自己把它们重新漆好。您有兴趣看看我的油漆表演吗？好了，到我家里和我一起吃午饭，再看看我的手艺。”

午饭以后，伊斯曼便动手，把椅子一一漆好，并深感自豪。

直到亚当森告别的时候，两人都未谈及生意。

最后，亚当森不但得到了大批的订单，而且和伊斯曼结下了终生的友谊。

为什么伊斯曼把这笔大生意给了亚当森，而没给别人？如果他一进办公室就谈生意，十有八九要被赶出来。

亚当森成功的“绝窍”，就在于他了解谈判对象。他从伊斯曼的办公室入手，以几句话巧妙地赞扬了伊斯曼的成就，使伊斯曼的自尊心得到了极大的满足，把他视为知己。这笔生意当然非亚当森莫属了。

得便宜要卖乖，既得人情又得利

鉴于社会的复杂、人性的自私与狭隘，我们人若想有所建树，少不得要懂耍点心思。聪明人在聊天时，大多会把对他人有利的话说在明处，将自己的实惠落在暗处，如此不但会达到自己的目的，而且还可以获得对方的人情。

美国口才大王卡耐基的一次经历，就可以作为典范，他曾用这种方法成功打消一家旅馆经理增加租金的念头。卡耐基是这样说的：

“我每季度均要在纽约的某家大旅馆租用大礼堂20个晚上，用以讲授社交训练课程。

“有一季度，我刚开始授课时，忽然接到通知，要我付比原来多三倍的租金。而这个消息到来以前，入场券已经印好，而且早已发出去了，其他准备开课的事宜都已办妥。怎样才能交涉成功呢？他们感兴趣的是他们想要的东西。两天以后，我去找经理。

“我接到你们的通知时，有点震惊。”我说，“不过这不怪你。假如我处在你的地位，或许也会写出同样的通知。你是这家旅馆的经理，你的责任是让旅馆尽可能地多盈利。你不这么做的话，你的经理职位很难保住，也不应该保得住。假如你坚持要增加租金，那么让我们来合计一下，这样对你有利还是不利。”

“先讲有利的一面。”我说：“大礼堂不出租给讲课的而是出租给办舞会、晚会的，那你可以获大利了。因为举行这类活动的时间不长，他们能一次付出很高的租金，比我这租金当然要多得多。租给我，显然你吃大亏了。”

“现在，来考虑一下‘不利’的一面。首先，你增加我的租金，却是降低了收入。因为实际上等于你把我撵跑了。由于我付不起你所要的租金，我势必再找别的地方举办训练班。”

“还有一件对你不利的事实。这个训练班将吸引成千的有文化、受过教育的中上层管理人员到你的旅馆来听课，对你来说，这难道不是起了不花钱的广告作用了吗？事实上，假如你花 5000 元钱在报纸上登广告，你也不可能邀请这么多人亲自到你的旅馆来参观，可我的训练班给你邀请来了。这难道不合算吗？”讲完后，我告辞了，“请仔细考虑后再答复我。”当然，最后经理让步了。

这里我要提醒你注意，我获得成功的过程中，没有谈到一句关于我要什么的话，我是站在他的角度想问题的。

高明的“嘴上功夫”莫过于此：明明是在占便宜，而给人的感觉却是他们在给人施恩。他不让自己的利益明示于人，而是将其饰成其他人的利益，使他在受益时看起来好像在帮别人的忙。怎么样？大家是否也是受益匪浅呢？

第9章 升级语言严谨性，别犯聊天的忌讳

老话讲“祸从口出”，说话不带脑子，聊天时想啥说啥，哪怕只说错一句话，也有可能使自己成为众矢之的。规范自己的语言，保持说话的严谨性，不仅有助于我们避免不必要的口水战，也可以让我们获得更多的掌声。

这些臭毛病，最破坏聊天气氛

不良的谈吐习惯是社交场合与人交谈时较为忌讳的。如果你是一个男人，谈吐障碍将会让你的能力、权威及说服力大大受损；如果你是一个女人，它会使你失去自己应有的魅力和吸引力，使人在初次听到你的声音时退避三舍。

（1）使用鼻音说话

这是一种常见且影响极坏的缺点，当你使用鼻腔说话时，你就会发出鼻音。如果你使用大拇指和食指捏住鼻子，你所发出的声音就是一种鼻音。

如果你使用鼻音说话，当你第一次与人见面时，就不可能吸引他人的注意。你的声音让人听起来像在抱怨、毫无生气、十分消极。不过，如果你说话时嘴巴张得不够，声音也会从鼻腔而出。当你说话时，上下齿之间最好保持半寸的距离。鼻音对于女人的伤害比对男人更大，你不可能见到一位不断发出鼻音，却显得迷人的女子，如果你期望自己在他人面前具有极大的说服力，或者令人心旷神怡，那么你最好不要使用鼻音，而应使用胸腔发音。

（2）有口头禅

在我们平常与人讲话或听人讲话之时，经常可以听到“那个、你知道、他说、我说”之类的词语，如果你在说话中反复不断地使用这些词语，那就是口头禅。口头禅的种类繁多，即使是一些伟大的政治家在电视访谈中也会出现这种毛病。

有时，我们在谈话中还可以听到不断的“啊”“呃”等声音，这也会变成一种口头禅，请记住奥利佛·霍姆斯的忠告——切勿在谈话中散布那些可怕的“呃”音。如果你有录音机，不妨将自己打电话时的声音录下来，听听自己是否出现这一毛病。一旦弄清自己的毛病，那么在以后与人讲话的过程中就要时时提醒自己注意这一点，当你发现他人使用口头禅时，你会感到这些词语是多么令人烦躁，多么单调乏味。

（3）小动作过多

检查一下自己，你是否在说话途中不停地出现以下动作：坐立不安、蹙眉、扬眉、扭鼻、歪嘴、拉耳朵、扯下巴、搔头发、转动铅笔、拉领带、弄指头、摇腿等。这些都是一些影响你说话效果的不良因素。当你说话时，听众就会被你的这些动作所吸引，他们会看着你的这些可笑的动作，根本不可能认真听你讲话。

有一位公司老板，当他作公共讲话时，总是让自己的秘书与观众站在一起，如果他的手势太多，秘书就会将一支铅笔夹在耳朵之上以示提醒。当然我们不可能人人做到如此，但在你讲话时，完全可以自我提示，一旦意识到自己出现这些多余的动作时，要赶紧改正。

（4）你的眼神心不在焉

当你与别人握手致意时，你们彼此便建立了一种身体的接触，眼神的交汇作用也同样重要，通过相互传递一种眼神，你们便可以建立一种人际关系。

眼神不仅可以向他人传递信息，你也可以从他人的眼神中接收到某些信息。你似乎听到他们在说：

“真有意思！”

“真令人讨厌。”

“我明白了。”

“我被你给弄糊涂了。”

“我准备结束了。”

“我十分乐意听你讲话。”

“我不想和你讲话。”

当你说话的时候，你的眼睛也是否在说话？或者你故意回避他人的视线，而不敢与人相对而视，因为那会令你觉得不适？你是否会边说边将眼睛盯在天花板上？你是否低头看着自己的双脚？你看到的是一簇簇的人群，还是一个个的人？总之，再没有比避开他人视线更易失去听众的了。

你若大话连篇，简直人见人嫌

说话要符合客观实际，言之有物，不隐瞒、不臆造，不说空话、大话，同时说话要符合真情实感，怎么想就怎么说，说话人所表达的，是他内心所想的，即“言为心声”，而不是心口不一或口是心非。说大话、说假话最终受害的只能是自己。

山东莱州大理石厂投资从国外引进了一批比较先进的设备。翌年投产，第三年形成了生产规模，实现了180万元的利润，成为当时全国石材行业的老大哥企业。这时候，从企业领导到一般工人都沾沾自喜，很有一种骄傲自满的情绪，致使这个全国最大的石材企业第二年就大滑坡，利润急剧下降，下降了80%。恰巧在这时候，国家建材局的一位局长前来视察工作，当时的矿长汇报工作时的第一句话就说：“我们的企业全国居第一，全世界居第二！”

听了那位矿长的话，局长吃了一惊，不高兴地打断了他的话：“谁是世界第一呢？”

矿长显然是没有料到国家建材局长会突然提出这么一个问题，一时张口结舌，答不上话来。

局长又问：“你出过几次国？都去过哪些国家？”

矿长的额头上冒出了冷汗，结结巴巴地说：“我……我去过一次日本……”

局长生气地说："你仅仅去过不生产石材的日本，连石材王国意大利的国门都没踏上，那你凭什么说这个企业居全世界第二呢？"

矿长的脸青一阵红一阵，站在那里不说话了。

这位矿长凭空设想的说话，最终害了自己。

一个大话连篇的人，事实上是不能与人好好沟通和交流的。即使在一段时间可能获得某种交际效果，但最终还是要付出代价的。我们小时候都听过"狼来了"的故事，试想，如果那个放牛娃懂得"说话要诚实"的道理，就不会导致最后的悲惨结局了。

真诚最起码的要求是不恶意说谎、不欺骗对方，但在复杂的社会和人生活动中，目的和手段是有一定的区别的。医生为了减轻病人的心理负担，往往会向病人隐瞒病情，给病人编造一套谎话，这样才更有利于治病救人、使病人早日康复。但在这种特定情况下，说谎就不是虚伪，而是一种更高、更深层次的真诚，是一种体现人道主义关怀的真诚。

说真诚话既是一种品质，也是一种有效的说话方法，这种方法就叫作诚实取胜法。所谓口才，是以说真话为前提的。能言善辩但满口假话，那就不是口才，而是诡辩。在日常生活中，我们一定要养成说真话的习惯，用真实的语言对待每一个人，不说谎，不虚假，言行一致，表里如一。

别轻易许诺，别开空头支票

当同事或亲友托你办某事时，当上司委托你做某事时，请你一定不要不假思索地满口应承。至少也要冷静 1 分钟，在大脑中转一个圈子，考虑这件事自己能不能办得到、办得好。把自己的能力与事情的难易程度，以及客观条件是否具备结合起来统筹考虑，然后再决定把话说出口。

尽量不说“这事没问题，包在我身上了”之类的话，给自己留一点余地。顺口的承诺，只是一条会勒紧自己脖子的绳索。

生活中有许多人都把握不了承诺的分寸，他们的承诺很轻率，不给自己留下丝毫的余地，结果使许下的诺言不能实现。

某高校一个系主任，向本系的青年教师许诺说，要让他们中三分之二的人评上中级职称。但当他向学校申报时，出了问题，学校不能给他那么多的名额。他据理力争，跑得腿酸，说得口干，还是不能解决问题。他又不愿意把情况告诉系里的教师，只对他们说：“放心，放心，我既然答应了，一定要做到。”

最后，职称评定情况公布了，众人大失所望，把他骂得一钱不值。甚至有人当面指着他说：“主任，我的中级职称呢？你答应的呀！”而校领导也批评他是“本位主义”。从此，他既在系里信誉扫地，也让校领导对其失去了好感。

事物总是发展变化的，你原来可以轻松地做到的事可能会因为时间的推移、环境的变化而有了一定的难度。如果你轻易承诺下来，会给自己以后的行动增加困难，对方因为你现在的承诺而导致将来的失望。所以，即使是自己能办的事，也不要轻易承诺，不然一旦遇上某种变故，让本来能办成的事没能办成，这样一来，你在别人眼里就成了一个言而无信的伪君子。对时间跨度较大的事情，可以采取延缓性承诺。

比如：有人要求老板给自己加薪，老板可以这么说："要是年终结算，公司经济效益好，公司可以给你晋升一级工资。"用"年终结算"一语表示实现承诺时间的延缓，显得既留有余地，又入情入理。

对不是自己所能独立解决的问题，应采取隐含前提条件的承诺。

如果你所作的承诺，不能自己单独完成，还要求别人帮忙，那么你在承诺中可带一定的限制。

比如：你承诺帮朋友办理家属落户的问题，这涉及公安部门和国家有关政策，你不妨这样说更恰当一点："如果以后公安部门办理农转非户口，而且你的条件又符合有关政策，我一定帮忙。"这里就用"公安部门办理""符合有关政策"等对承诺的内容做了必要的限制，既见自己的诚意，又话语灵活，具有分寸，还向对方暗示了自己的难处（也要求别人），真是一石三鸟。

为人处事，应当讲究言而有信，行而有果。因此，承诺不可随意为之，信口开河。明智者事先会充分地估计客观条件，尽可能不做那些没有把握的承诺。

须知，有了承诺，就应该努力做到，千万不要乱开"空头支票"，不然不仅伤害了对方，还会毁坏自己的声誉，使你在社会上难有立足之处。

如果你想得罪人，就请随意抢话

在聊天中，每个人都有发言权。但许多人往往过分相信自己的理解能力和判断能力，常常不等别人把话说完就随意抢话、打断对方，这样不仅是有失礼貌的行为，不但会搅了别人的兴致，还会阻碍别人的思考，破坏别人的情绪，引起别人的反感。

老白在镇上盖了一套两层的楼房，当该房子的第二层刚封顶时，几个朋友在他家吃饭。席间，突然来了一位专门安装铝合金门窗的个体户，与老白一见面就递了张名片，并介绍了他做铝合金门窗的优势。老白说："虽然我们以前不认识，但通过你刚才的一席话，得知你对铝合金门窗安装的经验丰富，假如我房子的门窗让你来安装，我相信你能安装，也相信你能做得很好。但是在你今天来之前，我们厂里一名下岗钳工已向我提起过，门窗安装之事已决定由他来做……"

老白的话还未说完，那个个体户便抢话了：

"你是说那东奔西走的小杨吧？他最近是给几家安装了门窗，但他那'小米加步枪'式的做法怎能与我比？"

哎呀！这话不说还好，一说便让老白顿时拿定了主意，接着说：

"不错，他尽管是手工作业，没有你那先进的设备，但他目前已下岗在家，资金不够丰厚，只能这样慢慢完善，出于同事之间的交情，我不能不让他做！"

就这样，那个个体户只得快快离开了。

之后，老白对大家说："那个个体户没听懂我的意思，把我的话打断了。本来，我是暗示他，做铝合金门窗的人很多，不止他一个上门来请求安装。我已打听到了他做门窗多年，安装熟练，且很美观，但他的报价很高，我只是想杀杀他的价格，可他的一番话攻击了我同事小杨的人品，我宁愿找别人，也不要让他来安装我的门窗。"

这本来是一桩很不错的生意，最终却以失败告终，最主要的原因就是那个个体户过于急躁，不等人家把话说完，甚至还没有听懂别人的意思，就打断别人的话头，结果把眼看就要到手的生意给丢了。

谈话非常讲究看时机。会聊天的人，在别人说话的时候，会很注意地倾听，然后适时地提出自己的意见；而不会聊天的人，在别人说话的时候，总是随时摆出一副跃跃欲试的样子，一有机会，马上插嘴。

如果一个人正讲得兴致勃勃，听众也正听得津津有味，而此时你却突然插嘴，在这种情况下，不但说话者对你没有好感，很可能其他人也不会对你有好感。在别人说话的时候，你应该耐心地聆听他人的话，注意不要插话搅了对方的兴致，这时，点头示意比贸然插嘴要好得多。

抢话，就像是一把"钩子"，不到万不得已时，最好不要用它。约翰·洛克指出："打断别人说话是最无礼的行为。"所以，在别人说话的时候，你应该：

不要用不相关的话题打断别人的谈话；

不要用无意义的评论扰乱别人的谈话；

不要抢着替别人说话；

不要急于帮助别人讲完故事；

不要为鸡毛蒜皮的小事打断别人的正题；

不要打断他人的话去争论一些毫不重要的细节。

在听别人说话时，假如你真的有没听懂的地方，或者听漏了一两句，也千万别在对方说话中途突然提出问题，而应该等他把话说完，再提出："很抱歉，刚才中间有一两句你说的是……吗？"如果你在对方谈话中间打断别人："等等，你刚才这句话能不能再重复一遍？"这样，对方就会产生一种受到命令或指示的感觉。

总而言之，请记住一点：不要随意抢话！除非说话的人讲话的时候拖得过长，他的话不再吸引人，甚至令人昏昏欲睡，已经引起大家的厌烦，这时，你打断他倒是做了一件好事。

虽然在别人讲话时，抢话是十分不礼貌的，但如果有必要表明你的意见，非要打断讲话，那么你就必须十分注意自己的插话技巧。

（1）如果你不同意对方的看法，一般也不要打断他的谈话。但如果你们比较熟悉，或者问题特别重要，也可以先表示一下态度，待对方说完后再作详细阐述。

（2）聊天过程中，如果你想补充另一方的谈话，或者联想到与谈话有关的情况，想即刻作点说明，这时，可以对讲话者说："请允许我补充一点。"或者说："我插一句。"然后，说出自己的意见。这样的插话不宜过多，以免扰乱对方的思想。

（3）当你要找交谈者中的某一人处理事情时，可以先给他一些小动作的暗示，他一般会找机会和你讲话。你也可先向他们打个招呼："很对不起，打断你们一下。"当他们停止交谈时，即用尽可能简洁的语言说明来意，一旦事情处理完毕，立即离开现场。

（4）如果你想加入他们的谈话，则可以找个适当的机会，礼貌地

说 :“对不起，我可以加入你们的谈话吗？”或者，大方客气地打招呼，叫你的同事互相介绍一下，就能很快打破生疏的感觉。

总之，在与别人交谈的时候，千万不要随意抢话，如果不得不发表自己的看法，也一定要注意插话的技巧，这样才能始终保持交谈的顺畅与和谐。

客气话太多，显得你很“虚”

谈话的目的在于沟通双方的情感，在于增加双方的兴趣，而过多的客气话则恰恰是横挡在双方中间的墙，如果不把这堵墙搬走，人们只能隔着墙作极简单的敷衍酬答。

有人片面地认为，多说客气话就等于做到了说话能圆，实际上，客气是一柄双刃剑，一方面能让不熟悉和不那么亲近的人感受到你的礼节和敬意，另一方面如果熟人客气，那就是有意拉大你们之间的距离。因此过度客气反而成了朋友间交往的大忌。

假如你到一个朋友家去拜访，你的朋友对你异常客气，你每说一句话，他只有“是是”而答，唯恐你不高兴。如此一来，你一定觉得如芒在背，坐立不安，最终逃之夭夭。

过度的客气显然是令人痛苦的，己所不欲，勿施于人，请大家谨记这句至理名言。

朋友初次见面略说几句客套话后，第二第三次的见面就应竭力少用那些“阁下”“府上”等名词，如果一直用下去，则真挚的友谊是无法建立的。客气话的堆砌必致损害融洽的气氛。

客气话是表示你的恭敬或感激，不是用来敷衍朋友的，所以要适可而止。多用就流于迂腐，流于浮滑，流于虚伪。有人替你做一点小小的事情，譬如说递过一杯茶吧，你说“谢谢”也就够了。要是在特殊的情形下，那么最多说“对不起，这事情要麻烦你”也就很够了。但是有些人却要说：“呵，谢谢你，真对不起，我不该把这些小事情麻烦你，真使我觉得难过，实在太感激了……”等一大串，你在旁边看见也会觉得不舒服的，可是你自己不也有这样的毛病吗？

说客气话时要充满真诚，像背熟了的成语似的流水般泻出来的客气语，显然是在敷衍应酬，容易使人产生不快。

满嘴不良口头禅，谁听了都烦

几乎每个人都有他的口头禅，就像每个人都有他的习惯动作一样。在不知不觉中，口头禅已经构成每个人的个人形象的一部分，甚至是很重要的一部分。语言的风格是个人文化素养的体现，你拥有某种气质的口头禅，你也就容易被人视为属于某种气质的人。所以，我们一定要摒弃不良的口头禅，以正面、积极的口头禅取而代之。

一个满口污言秽语，开口便是国骂、乡骂、神经病等口头禅的人，自然会让人觉得粗鲁、缺乏教养；而以“有请”“谢谢”“对不起”等作为口头禅的人，则会让人觉得有礼貌、有修养。一个总是有意无意地把“真没劲”“真无聊”挂在嘴边的人，给人的印象是疲惫沉闷的；而一个喜欢在说话时插几句“讲老实话”“我实事求是跟你讲”的人，在别人心目中就会显得诚恳、实在。

说话必须要干净、利落、文雅，这不仅是交际的需要，且是培养个人良好谈话修养的要求。因此，我们说话最忌带不文雅的口头禅。这是一种不良的语言习惯，它有损我们的风度，所以必须坚决戒除。不良口头禅主要有以下几种：

（1）脏话口头禅

有的人说话时经常使用粗俗、不堪入耳的语言。这种口头禅给人粗野鄙俗、低级下流之感，给人留下极为恶劣的印象，不仅降低了你本人的身份和品位，还会使人反感。

（2）废话口头禅

有的人讲起话来，满口“那个”“这个”“嗯”“啊”，这种口头禅往往把语句肢解得支离破碎，使语言显得拖沓紊乱不流畅。

（3）傲语口头禅

有些人在与人交谈之中，经常使用如“你知道吗”“我跟你讲”“我告诉你说”“你明白吗”等等。这些往往只是说话的一种语言习惯，在句子里没有实际意义却反复出现。这种口头禅给人一种自以为是的感觉。

口头禅大多是在无意识中不自觉形成的，不良的口头禅能够反映出我们身上某些修养的欠缺，而这种欠缺有的比较明显，有的则从微妙的细节体现出来。出于工作和社交的需要，我们必须经常与人交谈，要想给人留下彬彬有礼、谦逊干练的形象，我们首先要摒弃不良的口头禅。

你可找出平时频率最高的粗话脏话，集中力量改掉它，并且在每次说话前，都要提醒自己，使说话语气暂时停顿一下，改变原有的条件反射。经过一段时间的实践后，出现频率最高的粗话脏话改掉了，其他粗话脏话的克服也就不难了。

同时，你还可以录下自己的讲话，闲暇时常听听，会对自己不良的口头禅引起反感。这样，能促使你以后讲话时保持警惕，逐渐消除不良口头禅。再次，你可以把自己要戒除坏习惯的想法告诉周围的朋友，求得他们的帮助和监督。许多戒除不良习惯者都深刻体会到，别人的帮助和监督十分重要，是防止复发的有效手段。你讲粗话脏话，已是习惯成自然，往往讲了自己还不在意，如果旁边有人及时加以提醒、监督，将会有利于你抑制和克服讲粗话脏话的不良习惯。

在摒弃不良的口头禅的同时，我们还要“优化”自己的口头禅。具体的做法可以参考一下两个小例子：

有一个男人，他的口头禅非常特别，就是很简单、也很有力度的四个字——“问题不大”。平时，每当遇上什么麻烦事、困难的事，他总是说“问题不大”。这句话，一方面表明了他能够正视现实，认识到问题的确存在；另一方面，也表现出一种无所畏惧的强烈的自信心，让别人感觉他总是在俯视这些问题。就是这极具感染力的四个字，让大家在惶乱不安的时候，犹如吃下了一颗定心丸。也是因为这四个字，他成了大家的主心骨。

有个女孩，不知道为什么，别人总是不愿意和她交谈、交往，她自己也觉得很苦恼，有种被人摒于圈外的落寞。于是，她去问她最要好的一个朋友。她的朋友琢磨了好久，最后说，也许是你有几句口头禅，正是使他人感到不快而不愿与你交谈的原因。比如每当别人说起某件新闻时，你总会无意识地说“我不相信”，一下子就扫了别人的兴，久而久之，别人也就不愿和你多说话了。女孩自己想想，的确是这样。于是，她开始有意识地养成说另几句口头禅的习惯。比如把“我不相信”改成“这是真的啊！”这样一来，不仅使她的话显得真切，同时还带有一种深深的信赖。对方听到这种天真热情的反应，当然会情不自禁地感到喜悦，慢慢地，有很多人都乐意与她交往、聊天了。

在社交中，要想树立良好的社交形象，展示独特的社交魅力，你一定不要忽视自己的口头禅。如果有不良的口头禅，一定要坚决摒弃，同时还要注意养成良好的口头禅，从而树立自己正面、积极的形象。

两难的问题，模糊地回答

聪明人，说话做事必然有攻有守，有退有进，不会逞一时之气或只顾眼前利益，而断了自己的退路。聪明人，说话一定会有弹性，讲分寸，分场合，凡事都会给自己一个灵活的空间，他们既不会伤害别人，同时也不会让自己没有一席之地。

譬如生活中常有一类问题，我们怎么回答都不对，面对这样的问题，聪明的人通常就会想办法巧妙地避开。

有这样一则寓言故事：

百兽之王狮子想吃其他兽类，但得找借口。于是张开大口让百兽闻自己的口是香还是臭。首先轮到狗熊，它闻后如实地说："有股肉的腥臭味。"

狮子怒道："你不尊重我，留你何用。"于是将它吃掉了。

第二天，轮到猴子来闻。鉴于头天狗熊的教训，它乖巧地说："哟，好一股肉的清香味啊！"

狮子又怒曰："你溜须拍马，留你何用。"之后又将它吃掉了。

第三天，轮到兔子来闻。它知道，说臭要被吃掉，说香也要被吃掉，于是它凑到狮子嘴边，故意闻得十分认真，但却老不开口。

狮子急了，催它快说。

它便说道："报告大王，我昨晚受了风寒，感冒鼻塞，闻了这么久，实在闻不出是臭还是香。等我好了，鼻子通了，再来闻吧。"狮子无奈，只好放了它。

兔子正是巧妙地回避了这个难于答复的问题，才得以保全了自己的性命。

为了保全自己的某种利益，你可以设法避开这类难于应付的问题。有时候为了照顾自己的面子，你也要学会避开别人的提问。

有这样一个善于闪躲质问的人，他的回避问题的本领简直令了解他的人想大喊一声"太妙了"。例如，如果有人问他："你可曾读过《堂·吉诃德》？"他会回答："最近不曾。"其实他根本没读过，然而谁会煞风景去破坏融洽的谈话气氛？

另有一次，有人问他可曾读过但丁《神曲》中的地狱篇，他回答："英文本没读过。"旁人不禁肃然起敬。他这句百分之百的真话会让人产生三种误解：他读过这诗篇，他精通十四世纪的意大利文；他是文学纯粹主义者，不屑读翻译本——真高明。

另外，当你想指出别人某些缺点的时候，最好也不要直接地说出来，而要避开问题的关键，换一种方式来表达。

古人早有训言，“逢人只说三分话”，尤其当我们与陌生人或是权位高于自己的人说话时，最好心中有话，口上只说三分，不要口无遮拦，想到哪儿说到哪儿。就算真的有意见必须要提出，也不妨采取委婉迂回的策略，力求既能让对方听明白，又不得罪他。显然，这又不能使用过于冷僻深奥的语言，因为如此一来保护自己的目的固然是达到了，但却没有起到提醒对方的作用。进一步说，这种措辞也是难以让人产生认同感和信赖感的。

其实当你想要批评某人时，你大可不必提及他的大名，也不要直接谈论他的过失，你可以这样说：“我在上班的路上，看到有些人……如何如何……”或者讲一个“意味深长”的寓言故事，这样既能达到提醒对方的目的，也不至于使他感到太尴尬。

巧妙回避不宜直言的问题，当然还有很多种不同的方式，你可以采用类比的方式，借助事实说话，也可以含糊其辞，在一些不必要、不可能或不便于把话说得太实太死的时候，利用“模糊”的语言让你的表意更有“弹性”。

强化聊天影响力，任何场合都有话语权

第10章 请求有套路：如何让别人接受你的意愿

求人办事，要懂得“抛砖引玉”的道理。不要开门见山，一上来就大说自己的目的，这样只会让人反感。不如暂且隐藏主题，聊一聊“家常”，说点彼此都感兴趣的话题，等到你们聊得不亦乐乎，事情也就好办了。

看清眉眼高低，抓住合适时机

出门看天色，说话看眼色，看天色，可以免受风雨之苦、寒暑之变，看眼色，可以语出人喜欢，沉默人悦意。

张明明第一次拜访张行长时，李行长正大发雷霆。小保姆站在一边，哭哭啼啼，腿肚子直打战。行长夫人坐在沙发上，嘴里一个劲儿说：“让你小心，小心的，结果……”

张明明一看地上摔碎的茶壶茶碗，心里明白了大半。他将几包土特产放在茶几上，屁股没沾沙发，赶紧退出。李行长在气头上，连吭都没吭一声。

张明明打辆的士，在贵友商厦，高价买了一套仿古茶具，又买了几种茶叶。等再次返回李行长家时，行长夫人说，行长睡了。张明明心里清楚，行长准是进屋生闷气去了，不然，大上午的，谁会躲在屋里睡懒觉呢。

林将一套新的茶具奉上，煞有介事地吩咐小保姆烧壶水，然后与行长夫人侃起了茶经。他说，这茶有清明茶，清香怡人，有春天的味道，喝过有滋阴养颜的作用；有重阳茶，香醇浓郁有秋实硕果的感觉，喝过消渴壮阳；若要喝绿茶，最好喝春天采的；若要喝红茶，秋天采的好红茶铁观音，武夷山的最地道；花茶龙井，黄山的正宗；绿茶毛峰，江西韶山的没得比……

张明明不懂装懂，将茶叶样样沏好，让行长夫人品。张明明越谈声越高，不知不觉卧室的门开了，李行长疑惑地走出来。

张明明一抬头，说："不好意思，在行家面前班门弄斧了，见笑，见笑。"李行长一眼盯住这套茶具，脸上泛上红晕。张明明马上奉承道，还是请专家来讲讲茶道吧。

李行长一副泰然神色，稳坐在沙发上，将茶碗冲刷一下，摆好，咳嗽一下说，喝茶讲究就大了，而且喝茶有很深的文化内涵。品茶不但要茶好，茶具好，水也很重要……喝功夫茶，学问就更大了，这头遍茶就像十三四岁的少女，太嫩，闻着香，品无味；这二遍茶就像十七八岁的大姑娘，风华正茂，闻着香，品也有味；这三遍茶就像二十出头的小媳妇，成熟泼辣，香味殆尽，但更值得品，耐人回味……

张明明大开眼界，大长见识，不住地说佩服佩服。一壶茶品了两个小时。日渐中午，李行长吩咐下厨，留张明明吃饭。林忙推却，告辞之际，提出贷款一事。李行长不加犹豫地说，星期一到我办公室办手续。

张明明折腾了一上午，终于达到了目的。

做人要出色，首先就要有眼色，一个不识眉眼、不懂把握分寸的人，只会让自己吃亏。是故求人办事时，一定要分清眉眼高低，把握火候，如果对方情绪不佳，马上退步；或换个话题，引对方兴趣，令其愉悦。之后再提出要求，对方才乐于接受。

切中心理软肋，话半功倍

上帝即使无所不能，也有打瞌睡的时候；再不近人情的人，也有其心理弱点。这个弱点，对他来说，就好比他身上的软肋，是其防守的薄弱处；但对我们而言，却成了进攻的突破口。只要先认清所求之人的心理弱点，然后“对症下药”，我们请求成功的概率就很大。

拿破仑的妻子约瑟芬曾是博阿尔内子爵夫人，其夫在法国革命中被送上断头台，后经人介绍嫁给了拿破仑。她曾经并不是一个忠贞的女人，当拿破仑在意大利和埃及浴血鏖战时，新婚不久的她却与一个叫夏尔的中尉发生了不正当关系。她原以为拿破仑会战死沙场，并没有等待他回来的打算，就像拿破仑已经死了一样为他准备后事。

拿破仑凯旋，一时间成了整个欧洲最知名的人物，被法国人誉为“国家的救星”，前程无量。这时她后悔了。她不辞辛苦，坐着马车，长途跋涉，去法国南部的里昂迎接拿破仑。她原想，在拿破仑与家人见面之前，趁着他胜利后的兴奋劲儿没过，蒙骗住他，不使自己的丑事暴露。可是人算不如天算，当她抵达里昂时，拿破仑已经从另一条路走了，并与家人会合。事实上，拿破仑对妻子的不贞早有耳闻，只是半信半疑，如今被家人们言之凿凿地一说，顿时暴跳如雷，下定决心要与约瑟芬离婚。约瑟芬知道大事不妙，连忙星夜兼程赶回巴黎。

拿破仑不允许她进门，她勉强进来了。她忐忑地来到卧室门前，轻轻敲门，拿破仑没有回答；她再次敲门，温柔而哀婉地呼唤拿破仑，拿破仑没有理睬；她痛哭流涕，肝肠寸断，拿破仑无动于衷；她承认错误，惭愧自责，并提起她们之前的海誓山盟以及床笫间的甜言蜜语，说如果他不能宽恕她的话，她就只有一死，拿破仑仍然无动于衷。

约瑟芬一直哭到了深夜，哭干了眼泪，不再哭了，她有些绝望了，她想到了死，想到了孩子，她的眼睛突然一亮。他深知，拿破仑对她的两个孩子奥当丝和欧仁疼爱有加，尤其喜欢欧仁，这是软化拿破仑心肠的好办法，如果孩子们求他，他可能会改变主意。

约瑟芬把孩子们叫来了，他们天真而笨拙地哀求拿破仑："不要抛弃我们的母亲，她会死的！还有我们，我们该怎么办呢？"拿破仑的心也是肉长得，约瑟芬这招果然奏效，拿破仑虽然仍然对妻子的背叛心怀芥蒂，然而在她和孩子们的苦苦哀求声中心软了下来，他想起了他们曾经相爱的时光，想起了和孩子们一起的快乐回忆，他已然热泪盈眶。于是，房门打开了，拿破仑对约瑟芬既往不咎。后来，拿破仑登基成了法兰西第一帝国的皇帝，约瑟芬成了皇后，荣耀之至。

会聊天的人总能在关键时刻，采取关键的策略说出关键的话，这往往是他们脱离困境反败为胜的原因。想要征服一个人，就要发现他的软肋。

《孙子兵法》上讲："知己知彼，百战不殆。"这句话在进行请求时同样适用。当我们有求于人时，首先不妨对那个人的嗜好、性情、学识和经历等做一番侦察，然后策略性地选择语言，将会得到意想不到的效果。

你让他得意，他让你如意

每一个人都有自认为得意的事情，这事情的本身，究竟有多大价值，是另个一问题，而在他本人看来，却认为是一件值得终身纪念的事。你如果能预先打听清楚，在有意无意之间，很自然地讲到他得意的事情，只要他对你没有厌恶的情绪，只要他目前没有其他不如意的刺激，在情绪正常的情况下，他一定高兴听你说的。

布拉格尔电气公司的布朗就是用这种方法，使一个拒他于千里之外的老太太，十分高兴地与他做成了一笔大生意，顺利完成了推销用电的任务。那天，布朗走到一家整洁的农舍前去叫门。户主布朗肯·布拉德老太太得知是电气公司的推销员之后，便"砰"的一声把门关闭了。布朗再次敲门，没有一点回应。经过一番调查，布朗又上门了，他说："布拉德太太，很对不起，打扰您了，我不是向您来推销用电的，只是要向您买一点鸡蛋。"老太太的态度这时比以前温和了许多。布朗接着说："您家的鸡长得真好，看它们的羽毛长得多漂亮。这些鸡大概是德国名种吧！能不能卖一些鸡蛋呢？"布拉德太太反问道：

“您怎么知道是德国的鸡呢？”此时布朗十分清楚他的投其所好之计已初见成效了，于是更加诚恳而恭敬地说：“我家也养了这种鸡，可像您所养的这么好的鸡，我还从来没见过呢！而且我家的鸡，只会生白蛋。您的邻居也都说只有您家的鸡蛋最好。夫人，您知道，做蛋糕得用好蛋。我太太今天要做蛋糕，我只好跑到您这里来……”老太太顿时眉开眼笑，将布朗迎进屋中。

进屋后，布朗发现这里有整套的奶酪设备，断定男主人定是养乳牛的，于是继续说：“夫人，我敢打赌，您养鸡的钱一定比您先生养乳牛的钱赚得还多。”老太太心花怒放，乐得几乎要跳起来，因为她丈夫长期不肯承认这件事，而她则总想告诉大家，养鸡的收入更可观一些，可是没人感兴趣。布拉德太太马上把布朗当作知己，不厌其烦地带他参观鸡舍。布朗知道，他投其所好之计已达到预期的目的了，但他在参观时还是不时发出由衷的赞美。赞美声中，老太太介绍了养鸡方面的经验，布朗听得很认真，他们变得很亲近，几乎无话不谈。赞美声中，老太太也向布朗请教了用电的好处。布朗针对养鸡用电需要详细地予以说明，老太太也听得很认真。两星期后，布朗收到了布拉德老太太的用电申请。

你愿意去说对方得意的事情，对方可能也会让你称心如意。

当然，你在说的时候当然要注意技巧，表示敬佩，但不要过分推崇，否则反而会引起他的不安。对于事情的关键，要慎重提出，加以正反两方面的阐述，使得他认为你是他的知己。到了这种境地，他自会格外高兴，你该一面听，一面说几句表示赞赏的话，如此一来，即使他是个冷静的人，也会变得和蔼可亲，你再利用这一机会，稍稍暗示你的意思，作为第二次进攻的基点。这不是你的失败，而是你的初步成功，对于涉世经验不丰富的人，得此成绩，已不算坏，你若想一举成功，除非对方与你素有交情，又正逢高兴的时候，而且你的谈吐又是很容易令人接受的，否则千万不要存此奢望。

不过，对方得意的事情从哪里去探听呢？当然要另谋途径，先看你的朋友之中，有否与对方有交往的人，如果有，向他探听当然是最容易的。你如能留心报纸上的新闻，或其他刊物，平日记牢关于对方的得意事情，到时便可以应用。此外，要随时留心交际场中的谈话，这些时候谈到对方得意的事情，也是很平常的事。但是必须注意，对方得意的事情是否曾遭某种打击而不复存在，如有这种情形，千万勿再提起，以免引起对方不快，反而对你不利。因为对方在高兴的时候，你的请求，易于接受，对方不高兴的时候，虽是极平常的请求，也会遭到拒绝。比方他新近做成一笔发财生意，你去称赞他目光准，手腕灵，引得他眉飞色舞，乘机说明来意，也是好机会。诸如此类的例子很多，全在于你随时留心，善于利用。

不过当你提出请求时，第一要看时机是否成熟。第二说话要不亢不卑。过分显出哀求的神情，反而会引起对方藐视你的心理。尽管你的心里十分着急，说话表情还是要大方自然，并且要说出为对方着想的理由来，而不是为你自己打算。

以对方的兴趣为请求切入点

我们求人办事或是欲与对方达成某种合作、谈成一笔生意，单单陈述“事”的内容，未必能够得到满意的答复。所以，必要时我们不妨“耍点心眼”，从对方的某一“偏好”入手，这种心理攻势一定会令你受益匪浅。

但事实上，要掌握这种聊天技巧也绝非易事，它需要我们把握两个要点：第一，说话之前要观察准确，确保做到投其所好；第二，以“不经意”的方式“随口”说出来，让对方不会产生被刻意讨好的感觉。

大家不妨一同去看看强森先生是怎样做的。

伦敦一家糕点公司的总经理强森先生，希望能将自己公司生产的糕点卖给一家星级宾馆。2 年来，他一直在打这个主意，他几乎每个周末都去拜访该宾馆的老总。例如，强森先生如果知道那位老总去参加某一聚会，为了创造个见面的机会，他一定会尾随而去。最后，他甚至在该宾馆包下了一所房间，只为获得生意，可是他的心思都白费了。

强森先生说：“后来，我详读了不少人际关系方面的文本，这时才知道我的策略不对——我应该换个思路吗，想办法查清他的兴趣所在，找出他感兴趣的话题。”

强森先生发现，这位老总是英国旅游协会会员，他不但是会员，而且由于热心推进该团体的业务，后又被推选为旅游协会的名誉会长。

无论协会举行什么会议，不管开会地点在哪儿，他都会不辞劳苦，乘飞机飞越高山、横跨大洋，前去参加。

至此，强森先生已有了主意。第二天见到该老总时，他慢慢谈起了自己的旅游心得，果然取得了极好的反应——那位老总向强森先生讲述了自己在世界各地的所见所闻，并逐渐延伸到旅游协会的一些情况。他谈到这些时神采飞扬，让人一眼就能看出，旅游是他的兴趣所在，也是他生活中的一部分。最后，在强森先生与他分手时，该老总甚至还邀请强森先生加入他们的团体。

从始至终，强森先生都没有提到生意上的事情，但仅在两天后，那家宾馆的采购部经理，便打电话请强森先生将糕点价目和样品送过去。结果可想而知，强森先生终于将自己的糕点卖给了那家宾馆，而且还制定了长期合作的协议。

对此，强森先生自己也颇为惊讶，他说："我在他身上花了两年时间，一直想要与他合作，但始终未能如愿。如果不是煞费苦心地找出他的兴趣所在，真不知道还要花费多少时间和精力呢！"

为什么那位一改常态，突然接受了强森先生？试想，如果强森先生一见面就直奔主题，大谈生意经，结果又会怎样？强森先生成功的绝窍，就在于他了解谈判对象。他从对方的兴趣入手，使对方的话多了起来，并将他视为知己。如此一来，这笔生意自然也就手拿把攥了。

可以说，促成这笔生意的关键，就在于"曲意逢迎"。强森先生喜欢旅游吗？未必！他来此的目的是什么？当然是谈生意。但他并没有显露自己的真实意图，而是"曲意"去迎合对方的兴趣，终于为自己赢得了一位朋友和大客户。

人是群居性动物，没有人不希望自己被人了解、被人认可、被人尊重，没有人可以只活在自己的世界中，不与任何人进行交流，因为只有在群体中与别人分享自己的故事或想法，人才能找到归属感。与人聊天时，倘若希望对方喜欢你或是接受你的某种要求，不妨用心找出他的兴趣所在，挑选他感兴趣的话题作为谈话的开始，这样，沟通的效果一定会更好。

“不经意”间就投其所好

日常交往并不总是在熟人间进行，求人办事常常要闯入陌生人的领地。进入一个陌生的家庭环境里，要迅速打开局面，首先要寻求理想的“突破口”。

求人办事的最佳捷径，就是要投其所好。如果你能做到这一点，所说的话就可以打动人心；但如果你反其所好，就一定会招来对方的反感，令自己无功而返。

譬如，人常说：要讨母亲的欢心，莫过于赞扬她的孩子。会聊天的人应该利用孩子在交际过程中充当沟通的媒介，一桩看似希望渺茫的事，经过孩子的起承转合，反倒迎刃而解。

纽约某大银行的乔·理特奉上司指示，秘密进入某家公司进行信用调查。正巧理特认识另一家大企业公司的董事长，这位董事长很清楚该公司的行政情形，理特便亲自登门拜访。

当他进入董事长室，才坐定不久，女秘书便从门口探头对董事长说："很抱歉，今天我没有邮票拿给您。"

"我那 12 岁的儿子正在收集邮票，所以……"董事长不好意思地向理特解释。

接着理特便开门见山地说明来意。可是董事长却含糊其辞，一直不愿作正面回答。理特见此情景，只好离去，没得到一点儿收获。

不久，理特突然想起那位女秘书向董事长说的话，邮票和 12 岁的儿子。同时，也联想到他服务的银行国外科每天都有许多来自世界各地的信件，有许多各国的邮票。

第二天下午，理特又去找那位董事长，告诉他是专程替他儿子送邮票来的。董事长热诚地欢迎了他。理特把邮票交给他，他面露微笑，双手接过邮票，就像得到稀世珍宝似的自言自语："我儿子一定高兴得不得了。啊！多有价值！"

董事长和理特谈了 40 分钟有关集邮的事情，又让理特看他儿子的照片。一会儿，没等理特开口，他就自动地说出了理特要知道的内幕消息，足足说了一个钟头。他不但把所知道的消息都告诉了理特，又召回部下询问，还打电话请教朋友。理特没想到区区几十张邮票竟让他圆满地完成了任务。

其实，再强硬、再难打交道的人，只要能找到他感情的软肋，事情就好办。人心都是肉长的，你的话如能让他的心窝子热乎乎的，求人办事会变成别人主动为你办事。

求人办事，尤其是有求于关系不深的人时，倘若不能利用机会，投其所好、找出话题，就很难取得沟通的成功。沟通不良，则所求之事多半是要没戏的。所以，我们在与人交谈时，一定要认真观察，仔细揣摩，抓住突破口，为自己奠定一个成功的基础。

找个有分量的人替你说话

生活中，有时我们有求于人，但与对方的交情又不够深，贸然相求难以奏效不说，还会折了面子，下不来台，令彼此都感到尴尬。这时，如果我们能够找到一位替你穿针引线的朋友，让他尽其所能，从中撮合，传递信息，论理说情，就再好不过了。

战国时代有位有名的人物——孟尝君。提到孟尝君自然令人想到他豪侠仗义，食客三千。孟尝君是齐国的名门贵族，几度出任相职，是政界的实力派。但有一次他与齐闵王意见不合，一气之下辞去相职回到了私人领地——一个叫薛的地方。

到薛不久发生了一件大事，使孟尝君始料不及。

战国时代各国之间的互相攻伐，犹如儿戏，十分频繁，邻国之间的关系常处于不稳定状态。这时与薛接邻的南方大国楚正待举兵攻薛。与楚相比，薛不过是弹丸之地，兵力粮草等均不能与之相比，楚兵一旦到来，薛地后果不堪设想。

燃眉之急，唯有求救于齐。但孟尝君刚刚与闵王闹了意见，没有面子去求，去了也怕闵王不答应。为此他伤透了脑筋，几乎一筹莫展。

绝路之中老天给他降下了一线希望，齐国大夫淳于髡来薛地拜访。他是奉闵王之命去楚国交涉国事，归途顺便来看望孟尝君这位名门望族的。孟尝君抚额称庆，可谓天助我也。他早已想好了主意，亲自到城外迎接淳于髡，并以盛宴款待。

淳于髡是何许人也？

《史记·滑稽列传》载：淳于髡，身高五尺，其貌不扬，然善临机应变，常为诸侯效力，多以不辱使命而归。又有《孟子·荀卿列传》载：淳于髡，齐国人，博闻强记，善顺人意，是观察对方脸色而应付自如的高手。

而且淳于髡不仅个人资质好，与王室也有密切的关系。威、宣、闵三代齐王都很器重他。威王时代全权委托他招待诸侯；宣王时代负责研究学问，是“稷下学”的中心人物；闵王时代成了王室的政治顾问，且与孟尝君本人也有私交。

“对，只有委托他穿针引线了。”

孟尝君决心已下，开口直言相求：“我将遭楚国攻击，危在旦夕，请君助我。”

淳于髡也很干脆：“承蒙不弃，从命就是。”

后人猜测，淳于髡此行，可能是有目的而来，专为朋友解危的，只不过这话须孟尝君亲自当面求他就是了。朋友之交，有许多心照不宣的东西，古来如此。

却说淳于髡赶回齐国进宫晋见闵王。正面的话题当然是要相告出国履行公务的结果，他真正要办的事情也早已盘算在心。

闵王问道：“楚国的情况如何？”

闵王的话题正投淳于髡的所好，顺着这个话题，淳于髡要开始展开攻心术，履行对朋友的承诺了。

“事情很糟。楚国太顽固，自恃强大，满脑子想以强凌弱；而薛呢，也不自量……”

闵王一听，马上就问：“薛又怎么样？”

淳于髡眼见闵王入了圈套，便捉住机会说：

“薛对自己的力量缺乏分析，没有远虑，建筑了一座祭拜祖先的祠庙，规模宏大，却不问自己是否有保卫它的能力。目前楚王出兵攻击这一祠庙，咳，真不知后果怎样！所以我说薛不自量，楚也太顽固。”

齐王表情大变：“喔，原来薛有那么大的祠庙？”随即下令派兵救薛。

守护先祖之祠庙，是国君最大义务之一。为了保护祖先祠庙就必须出兵救薛，薛的危机就是齐的危机，在这种危机面前，闵王就完全不会再计较与孟尝君的个人恩怨了。整个过程，淳于髡没有提到一句请闵王发兵救孟尝君的话，而是抓住闵王最关心的问题——也就是最大的弱点，旁敲侧击，点到痛处，令闵王自己主动发兵救薛，实际上是救了孟尝君。淳于髡的纵横术真是到了炉火纯青的境界。

孟尝君之所以成功是因为有了淳于髡的媒妁之言，他的这种“穿针引线，媒妁之言”的求人技巧的确是高明。

拉下脸面，软磨硬泡

既然是求人，不可能你说什么人家听什么，难免有驳你面子的时候。这时候就需要一点厚脸皮。

“厚脸皮”绝不是不要脸，所以不管“泡”也好，还是“厚”也好，都要有度，度是办事成功的标尺。

求人办事时，要想得到满意结果，必须把虚伪的面子放在一边，成为一个厚脸皮的人。李嘉诚年轻时在香港担任推销员的经历，是这个道理的绝好阐释。

当年，李嘉诚每天都要背一个装有样品的大包马不停蹄地走街串巷，从西营盘到上环岛中环，然后坐轮渡到九孔半岛的尖沙咀、油麻地。

在推销产品的时候，李嘉诚经常遭到客户的拒绝，但过了一段时间之后，他又毫不气馁地再次来到客户的门口。这时即使客户绝情地说："你这人脸皮真厚，我们不买你的产品，即使你再跑几次也是白费口舌。"李嘉诚仍然不在乎，笑嘻嘻地说："没关系，说话跑腿就是我的工作职责，只要您能给我一点时间听我介绍产品就行了。"就这样，李嘉诚不停地介绍自己推销的产品，几次下来，客户看到他汗水淋淋，却还满脸笑容，不买就觉得过意不去了，于是最终还是买了。

通过厚着脸皮硬磨的方法使对方不断积累微笑的心理负担，当这种心理负担扩大到一定程度时，对方就只能让步了。

因此，我们在找人办事儿时，既要有自尊，但又不要抱着自尊不放，为了达到交际目的，有时脸皮不妨厚一点，碰个钉子，脸不红心不跳，不气不恼，照样微笑与人周旋，只要还有一丝希望就要全力争取，不达目的绝不罢休。有这样顽强的意志才能把事情办成。靠"脸皮厚"来成就自己的主要手段可以归纳三点：

（1）耐着性子"泡"

某建筑工地急需60吨沥青。采购员到物资部门请领，但负责此事的处长推说工作忙要等两个月才能提货，采购员非常着急，他怎么能等两个月呢？当他了解到仓库里有现货，只是因为自己没“进贡”人家才拖他时，更是怒从胸中来，真恨不得马上找对方好好“说道说道”。

但他竭力控制自己的感情，思索着解决问题的办法。他手头一无钱二无物，给人家“进贡”是不可能的了。他决心和那位处长大人软缠硬磨。

从第二天起他天天到处长办公室来，耐心地向处长恳求诉说。处长感到烦，不理睬他。你不理，他就坐在一边等，一有机会就张口，面带微笑，彬彬有礼，不吵不闹，心平气和地恳求诉说。处长急不成火不成，推不过赶不跑。“泡”到第五天，处长就坐不住了，他长吁一声：“唉，我算服你了。照顾你这一次，提前批给你吧！”

（2）厚着脸皮“追”

有位香港女作家，在浓浓的浪漫情调中与大陆某男士结成情缘，她曾经宣称那位男士是追她的男朋友中条件最差的。但她为什么偏偏选中了这一位呢？

事情的起源要追溯到几年前，那是她第一次赴上海，是为洽谈自己的小说授权给上海某家出版社出书而前往的。一次晚宴上，女作家和这位男士相遇，男士深为女作家的人生体验所感动，晚宴后就告诉她一句惊人之语——“我可以追求你吗？”

她当时未予理会，只当成是一句玩笑话。不料男士真的开始展开猛烈追击，每天从早上开始，他就带上好多朋友，一起在她下榻的酒店“站岗”。

对于男士此举，女作家感觉如遇“恐怖分子”，不敢踏出饭店一步。紧盯不放的男士便不断以电话“骚扰”女作家，并告知她：“如果再不露面，便要通知你的所有朋友，告诉他们我要追你。”

被逼得无路可跑的女作家急中生智说：“你请我喝咖啡，我们好好聊聊。”

她知道大陆人收入比较低，索性一口气喝了五六杯咖啡，准备使追求者“破产”。结果他也跟着叫了五六杯咖啡，结账时不但没有囊中羞涩，反而给了服务员一笔数目不小的小费。女作家让对方知难而退的计谋没有得逞。

最激烈的是，就在她在上海的最后一夜，鼓足勇气的那位男士，竟在大庭广众面前吻了女作家。霎时花容失色的女作家久久不能言语，随后激动得几乎落泪说：“你怎么可以这样。”

当她离开上海，那男士更是一路穷追猛打。女作家赴西安，他便追踪到西安；她抵达台北，他给女作家的越洋电话不知打了多少遍。

至此，女作家说：“只要我存在于地球上一天，似乎都无法逃出他的手掌心。”只好表示投降，宣告与他交往，最终走向婚姻的殿堂。

（3）壮起胆子“磨”

死缠烂打这种事对上司使用，是要冒风险的。因为上司一般掌握着自己的“生杀大权”，一不小心就会被“推出午门”。所以在上司面前用此黑色智慧，必须壮起胆子。

有一次赵普向宋太祖推荐一位官吏，太祖没有允诺。赵普没有灰心，第二天临朝又向太祖提出这项人事任命请太祖裁定，太祖还是没有答应。

赵普仍不死心，第三天又提出来。

连续三天接连三次反复地提，同僚也都吃惊，赵普何以脸皮这样厚、胆子这样大。太祖这次果然动了气，将奏折当场撕碎扔在了地上。

但赵普自有他的做法，他默默地将那些撕碎的纸片一一拾起，回家后再仔细粘好。第四天上朝，他话也不说，将粘好的奏折举过头顶立在太祖面前不动。

太祖不胜其烦，也为其所感动，长叹一声，只好准奏。

脸皮厚绝不是不要尊严，而是看准了一个目标，不管任何艰难险阻直观前进的一种方式。面子当然也很重要，但也要有一个限度，到了“死要”面子的地步，也就只能“活受罪”了。再说不客气点，面子能值几个钱？对于男人而言，成事才是最重要的。

另外，平常说话办事中还有一种较好的办法，叫“泡蘑菇”，也属这个范畴。就是不管对方答应不答应，采取不软不硬的蘑菇战术，不达目的誓不罢休。即不怕对方不高兴，在保证对方不发怒的前提下，让对方在无可奈何中答应你的要求。但使用这种方法要适度，就是说，想“泡蘑菇”，不仅要能“泡”，还要会“泡”。换言之，“泡”，不是消极地耗时间，也不是硬和人家耍无赖，而是要善于采取积极的行动影响对方，感化对方，促进事态向好的方向转化。

最好的套路是——以情动人

在请求人的过程中，难免会遇到一些困难和阻碍。面对这种情况，你不应该灰心，而应该摆正心态，用执着的态度和真诚的话语去打动对方。

意大利物理学家伽利略年轻时立志在科学研究方面有所成就，可他的父亲十分反对他搞研究，因此他希望得到父亲的支持和帮助。

有一次，他对父亲说："父亲，我想问您一件事，是什么促成了您同母亲的婚事？"

父亲回答说："因为你的母亲十分吸引我。"

伽利略又问："那您有没有娶过别的女人？"

父亲说："没有，孩子。家人曾经给我介绍了一位富有的女士，可是我只对你母亲情有独钟。"

伽利略说："您说得一点也没错，您不曾娶过别的女人，因为您爱的是母亲，可是您知道吗？我现在也面临同样的处境！除了科学以外，我不可能选择别的职业，因为我喜爱的正是科学！其他事物对我而言，都毫无用途与吸引力！难道我要去追求财富或是荣誉？科学是我唯一的需要，我对它的爱，就如同对一位美貌女子的倾慕。"

父亲说："像倾慕女子那样？你怎么会这样说呢？"

伽利略说："一点也没错！亲爱的父亲，我已经18岁了！别的学生，哪怕是最穷的学生都会想到自己的婚事。可是，我却从没想过。因为别人都想寻求一位标致的姑娘作为终身伴侣，我却只愿与科学为伴。"

父亲不说话了，只是默默地听。

伽利略继续说："亲爱的父亲，您有才干但没有力量，可是我却能兼而有之。为什么您不能帮助我实现自己的愿望呢？我一定会成为一位杰出的学者，并能获得教授身份。如此，我便能以科学为生，而且比别人生活得更好。"

父亲为难地说："可是我没有钱供你上学。"

伽利略激动地说："父亲，您听我说，很多穷学生都能领取奖学金，这些钱是公爵宫廷给的，我为什么不能去领一份奖学金呢？您在佛罗伦萨有许多朋友，交情也都不错，他们一定会尽力帮助您的。也许您能到宫廷去处理这件事，我们只需要请他们去问问公爵的老师奥斯蒂罗利希就行了，他了解我，知道我的能力！"

父亲被说动了："嗯，你说得有理，这是个好主意。"

伽利略抓住父亲的手，开心地说："父亲，求您尽力而为。我向您表示感激之情的唯一方式，就是保证自己成为一个伟大的科学家！"

伽利略凭借执着的毅力和真诚的话语最终说服了父亲，实现了自己的理想，成为世界著名的科学家。

要想破除阻碍、赢得人心，用真诚的话语去感染、打动对方，最后往往能够产生非常好的效果。

第11章 销售有绝招：如何引导客户轻松成交

一场销售就像一档电视节目，画面和音效非常重要。如果音效不好，观众的感受就不佳。所以销售人员必须讲究说话方式，尤其要随时注意保持语言的最佳感染力，如此，才能将客户吸引住，赢得客户的信任，最终有效说服客户。

一开口，就让客户笑

一个人碰到陌生人以后的第一个反应，往往是防范，然而他又渴望去了解探察对方。如果我们能够表现出爽朗善意、幽默的谈吐风度，对方便会逐渐了解到我们并非“来者不善”，从而谨慎地打开心扉。

幽默的人不但容易打动异性的心，也容易打动客户的心。因此幽默的个性能造就出情场高手，也能造就出商场高手。

某报社往全国各地寄发了大量订阅单，预约期到了，可收回率却很低，于是他们又重新进行了一次全国性征订。这次在征订单上画了一幅漫画：负责订阅的小姐因为没有收到订阅的回音，正在伤心地哭泣。

这种销售可以说是高级的强迫销售，不但不会使客户反感，而且收效很好，理由就是它的含蓄和幽默。

幽默的语言有时能使局促、尴尬的销售场面变得轻松和缓，使人马上解除拘谨不安，它还能调解小小的矛盾。老舍先生曾经举过一个例子：一个小孩看到一个陌生人，长着一只很大的鼻子，马上叫出来"大鼻子！"如果这位先生没有幽默感，就会觉得不高兴，而孩子的父母也会感到难为情。结果陌生人幽默地说："就叫我大鼻子叔叔吧！"这就使大家一笑了之。当然，幽默只是手段，并不是目的，不能强求幽默，否则很容易弄巧成拙。

朋友小赵在销售时，就使用了这样的幽默，结果恰到好处：

"您好！我是XX公司的赵俊凯。"

"喔……"

对方端详他的名片有一阵子后，慢条斯理地抬头说：

"两三天前曾来过一个某某公司的销售师，他话还没讲完，就被我赶走了。我是不会买你的商品的，所以你多说无益，我看你还是快走吧，以免浪费你的时间，同时也浪费我的时间。"

此人既干脆又够意思，他考虑得真周到，还要替小赵节省时间。

"真谢谢您的关心，您听完我的介绍之后，如果不满意的话，我拿头撞豆腐自杀。不管怎么样，请您拨点时间给我吧！"

小赵故意装得一本正经的样子，对方听了忍不住哈哈大笑说：

"哈哈哈，你真的要拿头撞豆腐吗？"

"不错，就像这样一头撞下去……"

小赵一边说着，一边比画着。

"好吧，你等着瞧吧！我非要你撞豆腐不可。"

"看来，我非要用心介绍不可啦！"

话说到此，小赵脸上的表情突然从"正经"变为"鬼脸"，于是，准客户不由自主地和他一起大笑。

上面这个实例的重点，就在设法逗准客户笑。只要你能够创造出与准客户一起笑的场面，就突破了第一道难关，并且拉近了彼此间的距离。

不断刺激客户的购买诱因

客户如果决心买一种产品，那么一定是这个产品有吸引他的地方，如果我们能够找出客户所关心的那个利益点，也就是常说的，客户购买产品的主要诱因，那么我们的销售一定会进行得更顺利。

在销售界流传着这样一个故事：

有一位房地产销售员，带一对夫妻进入一座待出售的房子时，太太发现这房子的后院有一棵非常漂亮的樱花树，而销售员注意到这位太太很兴奋地告诉她的丈夫："你看，院子里的这棵樱花树真漂亮。"当这对夫妻进入房子的客厅时，他们显然对这间客厅掉漆的地板有些不太满意，这时，销售员就对他们说："是啊，这间客厅的地板是有些掉漆，但你知道吗？这幢房子的最大优点就是当你从这间客厅向窗外望去时，可以看到那棵非常漂亮的樱花树。"

当这对夫妻走到厨房时，太太抱怨这间厨房的设计不合理，而这个销售员接着又说，“是啊，但是当你在做晚餐的时候，从厨房向窗外望去，就可以看到那棵樱花树。”不论这对夫妻走到哪个房间，不论他们指出这幢房子的什么缺点，这个销售员都一直重复地说：“是啊，这幢房子是有许多缺点。但您知道吗？这房子的最大优点是其他房子所没有的，那就是您从任何一间房间的窗户向外望去，都可以看到那棵非常美丽的樱花树。”在整个销售过程中，销售员一直不断地强调院子里那棵美丽的樱花树，他把这对夫妻所有的注意力都集中在那棵樱花树上了，当然，这对夫妇最后买了那座带有樱花树的旧房子。

我们所销售的每种产品以及所遇到的每一个客户，心中都有一棵“樱花树”。而我们最重要的工作就是在最短的时间内，找出那棵“樱花树”，然后将客户所有的注意力引到那棵樱花树上，那么客户就自然而然地会减少许多抗拒。

举例来说，一个销售最新电脑财务软件的销售员，必须非常清楚地了解客户为什么会购买他的软件，当客户购买一套财务软件时，他可能最在乎的并不是这套财务软件能做出多么漂亮的图表，或是哪个知名企业用上了这套软件。他们最主要的目的可能是希望能够用最有效率的方式，得到最精确的财务报告，进而节省更多的开支。所以，当我们向客户介绍软件时，如果只把注意力放在解说这套财务软件如何使用、介绍这套财务软件能够做出多么漂亮的图表上，可能对客户的影响并不大。如果你告诉客户，只要花 1500 元钱买这套财务软件，贵公司每个月就可以节省 800 元钱的开支，或者增加 3000 元的利润，客户马上就会对这套财务软件产生兴趣。

一般来说，客户在购买某种产品的时候，都有一个最重要的购买诱因，同时也有一个最重要的抗拒点。因此我们的主要工作，就是找出客户购买此种产品的主要诱因是什么，以及客户不购买这种产品最主要的抗拒点是什么。如果能够找出这两点，把自己所有的注意力都放在客户了解并且相信这种产品所能够带给他们的利益点上，并且有效地消除他们购买产品的主要抗拒理由，那么客户就会购买我们的产品。

客户购买产品最主要的抗拒点有很多，这些抗拒点可能是我们产品的价格，可能是我们的售后服务，可能是我们的竞争者，也可能是不喜欢我们这个人等等。

在销售过程中，我们应该把大部分的注意力放在找出客户的需求和我们的产品能为客户提供什么上，从而尽可能地找出客户购买这种产品最主要的诱因和抗拒点。

依据销售中的 80 / 20 法则，我们的产品所具有的优点可能有 10 项，而真正能够吸引客户的可能只有其中的一项或两项。所以我们必须花费 80％以上的时间详细地解说产品的这一项或两项优点，并让客户能够完全地接受与相信，那么我们对于客户的说服力也就相对增加了。

会聊天的销售员都知道，最简单有效地找出客户主要购买诱因的方法是通过敏锐的观察以及提出有效的问题。比如我们可以问客户：“如果你愿意购买这种产品，那么请问你想购买的主要原因是什么？”另外一种方法也能有效地帮助我们找出客户的主要购买诱因。这个方法就是询问曾经购买过我们产品的老客户，很诚恳地问他们：“先生，请问当初是什么原因使您愿意购买我们的产品？”或“请问当初您之所以购买这种产品，最吸引您的是什么？”当你将所有老客户的主要的一两项购买诱因找出来后，再加以分析，就能够很容易地发现他们当初购买产品的那些重要的利益点是哪些了。

撩拨起客户的购买欲望

很多时候，我们做出了令客户信服的示范，但是客户仍旧无动于衷，这时候，我们就必须刺激客户的购买欲望。

要想刺激客户产生购买的欲望，必须巧妙地向客户说明，他在购买产品以后将会如何满意，并从中得到乐趣，得到好处，有物有所值甚至是物超所值的感觉。

有位真空吸尘器销售员对一位家庭主妇说："使用这种机器，您可以从繁重的家务劳动中解放出来，就会有更多的时间带您的孩子外出散步，或者有更多的时间与您的丈夫促膝谈心。总之，您将有更多自由支配的时间。"

"这些光彩夺目的灯光设备，可以使所有行人都看到您的商店橱窗，甚至连广场另一侧的人也能看到。如果不安装它，人们即使从您的橱窗外经过，也注意不到橱窗里的展品。试想一下，要是这些设备能为您吸引成千上万的客户，您能多赚多少钱？"

我们必须使客户感到他确实需要这个产品，并且迫切地想购买。购买欲望不是来源于理智，而是来源于情感，刺激客户的购买欲望不同于向他证实他对产品有某种需要。

例 1：一位体育用品的销售员说：“假如您开设一个旅行和滑雪用品商品部，您的商店就可成为本地区拥有各种各样旅行用品的唯一商店。另外，销售旺季也可延长。秋天终归是比较萧条的季节，对吧？如果您开始销售冬季体育用品，就会把那些正在安排滑雪度假的人们吸引到您的商店里来。只要他们光临您的商店，就有可能使他们对其他一些旅行用品产生浓厚兴趣。再想一想附近学校里的那些小学生，他们也会来这里买东西，他们可是家庭的小皇帝啊，况且，我们这里的冬季是比较长的。”

例 2：“不言而喻，您购买一辆大型卡车并不是由于它的式样美观和有一台大功率的发动机，您购买大型卡车的真正原因是您能运载更多的货物。让我们算一算，您购买这种型号的卡车需要花多少钱，另一方面，使用这辆卡车一年又可赚回多少钱。请看一下这些数字……”

例 3：“每一间办公室都装上日光灯当然好啦。其实那并不是为了好看，而是使整个办公楼看上去整洁光亮，更具有现代社会的气息。既然甲先生他们安装了一套新的日光灯，我们当然不能不加考虑就信口拒绝。何况，光线好，对眼睛也有利。不过，安装日光灯的费用一定很大吧？”

销售员回答说：“乙先生，那看您如何算这笔账。日光灯耗电少，使用寿命长，因此，它的费用仅仅是……”销售员的回答使客户无言答对。他本来就很想购置日光灯，但就是下不了决心，听了销售员的解释，他心中的疑虑全消除了。

例 4：“如果安装这种新的传送带，我们几乎就得改变整个生产程序。当然我们也希望设备现代化，这可以提高我们的生产效率。但是，我们的情况有点特殊，压力也很大。我们只完成了客户定货的一半，而交货日期又日益迫近。我对您的建议倒是非常感兴趣。不过，我真不知道如何办才好。”这说明客户的购买欲望已经受到了刺激，不过还没有完全被说服，因此他没有做出购买决定。

“这个问题确实值得您认真考虑一下，”销售员冷静地回答。“不过，您决定把引进合理的操作系统推迟到什么时候呢？我们可以算算这笔账，如果您不购买这种传送带，那就要浪费很多时间。就按您目前的工资水平来算吧，加起来是……”他们两个人在一起计算。计算的结果使客户清楚地认识到没有传送带，成本是昂贵的。这样一来，他不仅想购买传送带，而且将其视为当务之急。

利用这种刺激，使客户的购买欲望达到一定程度，他就会产生购买的冲动，当冲动足够大的时候，就会产生购买行为。不过在通常情况下，当客户购买某一贵重产品或者购买某种足以改变某种生活习惯的产品时，仅仅靠刺激客户的购买欲望是远远不够的。如果我们已经成功地刺激了客户的购买欲望，就应该把这一工作继续向前推进一步，让客户相信他的购买行为是理性的，并不是一时冲动。我们要尽量地向客户讲道理，以理服人。话不在多，有理就行。

在客户不是为自己购买，而是作为代理人替他人或者公司购买的情况下，合理性就显得特别重要。原因是，他要向他的主顾或单位证明其购买决定是正确的。在这种情况下，如果我们用讲道理的方式向客户证明，他的购买行为一定会达到他所期望的效果，那么客户的购买欲望就会增加。“如果我购买或者拒绝购买这一产品，别人会如何看待我呢？”客户会经常向自己提出这样的问题，我们也应该考虑到这一点。除了从情感上刺激客户的购买欲望以外，还应该从理智上刺激客户的购买欲望。使他相信，他的购买决定不仅在情感上是合理的，在理智上也是正确的，并且能够得到大家的一致认可。

一个会聊天的人，一定能够分清客户的兴趣与购买欲望，并用如簧之舌，把客户对产品的兴趣转化为购买欲望。

巧妙消除客户的抗拒态度

在销售过程中，我们尝尝会遭到冷遇、怠慢，有时少数客户还会故意安排秘书、助手挡驾，给我们设置各种求见障碍。因此如何排除当面约见时客户的消极态度，使双方的洽谈有一个良好的开端，是摆在我们每个销售员面前的一道难题。

为此，本书特介绍几种应付技巧给大家，相信一定会对销售员们有所帮助。

（1）把握时间法

美国有一位房地产销售员，在房地产生意兴旺发达的时候，他曾参加过一次销售大奖赛。当时他已进入决赛圈，但必须再做成一笔生意才能成功。

正在他为这笔交易着急的时候，他接到了一个电话。但是无论如何，这个人也不肯把自己的名字和电话号码告诉他。这使他有点绝望了。但仍然顽强地争取。这位房地产销售员在电话中说：

“请问，我到您那儿去几分钟，见见您行不行？”

“绝对不行。”

“我能给您回电话吗？”

“我是在一个电话亭里。”

“啊，对不起，先生。我不知道您是在电话亭里。您知道您的电话亭是在哪条街上吗？”这时汤姆急于抓住任何一根救命稻草。

“我看看，我猜是在 ×× 大街的街角。不错，我就在这里。”

“请您别挂电话，等 1 分钟，好吗？”

×× 大街离销售员的办公室不过两个街区，他放下电话，跑出去，跳上汽车，“呜”的一声开出去。汽车尖叫着急停在电话亭边，那个打电话的人正在那儿站着，把电话机举在耳边，耐心地等待着呢！

销售员走上前去用手敲了敲玻璃窗，用手势告诉他：“我来了。”

就这样，销售员赢得了那次销售大奖赛，他使那个人为他愉快地提供了一次再好不过的机会，使他在那次大奖赛中获胜。

（2）坦率请求法

既然我们已和客户直接见面，只要对方点头同意，拜见的目的就达到了。这时，约见的主要任务是为正式洽谈铺平道路，激发对方的兴趣与注意，使客户认识到购买的重要性。因此，我们在面陈自己的请求时，不管是说话的语气还是用词，都要坦率诚挚，中肯动听，切忌与对方大声争辩。例如：“我是德州艾克仪器仪表公司的销售员。今年我们公司研制开发了一种质量控制仪，专供丝绸纺织行业的厂家使用。目前全国已有 200 多个厂家采用，他们反映使用效果很好，可以减少次品率 15%以上，并且安装简单，使用方便。所以，我很想把这种质量控制仪推荐给你们厂，现在您能抽出半小时时间，让我给您详细讲解一遍吗？”这位销售员首先将自己的身份和自己的公司介绍给客户，以使对方了解自己的用意。进而，他详细说明所推荐产品的性能、作用和功效情况，引起对方的足够关注。最后，这位销售员及时提出约见商谈的请求，可谓恰到好处，瓜熟蒂落，看得出这是一位有经验的销售员。

（3）简述大意法

采购大型的机械设备、高数额的原材料，客户通常先委托他的部属，如秘书、助理等人与我们洽谈，而不是直接与我们商谈购销意向。但顾客的部属人员常常并不是真正的买主，他们无权决定是否购买，所以我们在与接待人员洽谈时，应面带微笑，先自我介绍单位名称，除非对方追问，通常不做进一步应答，以免言多有失。接着一面强调与其上司，即真正的购买决策者面谈的必要性，一面只对自己的来意做概略陈述，而故意将重要的问题保留，待与决策者见面时再做详述。特别是在销售的一些关键问题上更应慎重，否则就很难与真正的客户相见。在这种情况下，销售员可以这样说："米琪小姐，这种机床的性能和功效大致就是这样，规格品种则由贵厂自选，至于销售价格我想还是和萨德先生见面后，我们再一起商议吧。"在提出约见请求时，这位销售员用了"我们再一起商议"的说法，当然这不是不把业务助理放在眼里，而是平等参与共同协商，因此也就不会伤害对方的自尊心，愿意安排与上司见面的时间。另外，我们还有必要避轻就重提醒对方，让接待员知道自己无权做出购买决定，因此会马上将有关情况汇报给上级主管。一旦上司阅过资料，听完汇报，发觉尚有一些重要问题必须召请销售员当面说明，这样，约见的机会就来了。

（4）直陈利弊法

有些秘书和部属口齿伶俐、待人傲慢，往往借故推托不让我们见到客户本人，给上门拜访设置各种求见障碍，使得一些朋友的满腹希望化为乌有，特别是初次出马而经验不足的新销售员，只能放弃销售努力。遇到这种情况，我们应利用这些助手、秘书、部属的一时心虚，微笑告诫提醒对方，以达到拜见主顾的目的。当接待人员故意设卡刁难时，我们要用肯定而自信的语气告知对方："我拜见你们老总的目的，正是要设法解决贵厂生产的收录机接收性能不稳、音质嘈杂的问题，若他知道我今天来拜访他而没有见面，事后他一定会十分懊悔，甚至会怪罪于你，与其如此，不如让我亲自找他谈一谈。"对方听完这话，深知事关重大，自己负不了责任，为了避免事后担当责任，常常会立刻安排自己的上司与我们见面。有时对方精明老练，继续追问来意，而我们则可顺水推舟，辗转逼近，直陈利弊得失，一方步步为营，一方节节退让，在一进一退之间，我们就能将对方心中的疑虑一一冰释，达成与真正的主顾相见的目的。

另外，这里有一些拜访中的注意事项，希望大家能够有所警惕：

第一、表面上不要摆出"销售"的姿态

强调"绝不勉强客户购买"，通常，人无论自己需不需要，基于恐惧被销售的心理，第一个反应就是先拒绝了再说，因此一定要先将客户这种心理淡化处理掉。

第二、以做市场询查的措辞安抚客户的情绪

事实上的确有很多客户已购买了类似的商品，对于这种客户一定不要采取强迫销售的手法。

尤其是当客户有"被骗"或者对前一位销售人员怀有不满情绪时，一定会有一吐为快的冲动，这时，他多半愿意打开门，向你发泄对某一位销售员的不满。对于客户的不满，我们一定要有不为所动的气量，并且从中寻找再销售的空间。

诱导客户持续说“是”

在销售的过程中，如果你能让客户持续说“是”，那么你的销售很可能就会成功，就是说如果你能找到让客户说“是”的话题，那么就可以大大提高你的成交概率。

世界著名销售员原一平在销售保险时，总爱向客户问一些主观答“是”的问题。他发现这种方法很管用，当他问过五六个问题，并且客户都答了“是”，再继续问保险上的知识，客户仍然会点头，这个惯性一直保持到成交。

原一平搞不清里面的原因，当他读过心理学上的“惯性”后，终于明白了，原来是惯性化的心理使然。他急忙请了一个内行的心理学专家为自己设计了一连串的问题，而且每一个问题都让自己的准客户答“是”。利用这种方法，原一平缔结了很多大额保单。

其实，这种方法一直是销售高手的成交绝技。

假设在你销售产品前，先问客户 5 个问题，而得到 5 个肯定的答案，那么接下来，你的整个销售过程都会变得比较顺畅。当他和你谈产品时，还不断且连续地点头或说“是”的时候，你的成交机遇就来了，他已形成一种惯性。每当我们提一个问题而客户回答“是”的时候，就增强了客户的认可度，而每当我们得到一个“不是”或者任何否定答案时，也降低了客户对我们的认可度。

在销售过程中，不会聊天的销售员经常被一些突如其来的问题弄得目瞪口呆，败下阵来，有的甚至一上场就被客户拒绝。其实，只要你牢记你的目的，预先堵住可能造成麻烦的漏洞，创造一种安全的销售气氛，主导整个沟通过程，那么你的销售就很可能会取得成功。

让我们来看看销售人员最怕、最头疼的三句话：

辛辛苦苦地谈完了，好不容易说服了对方，却突然听到对方说一句："不错不错，我要跟太太商量商量！"

不断地转换角度想促成交易，对方仍淡淡地说："对不起，我还要考虑考虑！"

历尽艰辛成交了，墨迹还没有干，客户突然说："我的想法变了，我要求解约！"

会聊天的销售员却可以让这些话通通消失，秘诀就是尽量避免谈论让对方说"不"的问题。而在谈话之初，就要让他说出"是"。销售时，刚开始的那几句话是很重要的，例如：

"有人在家吗？……我是公司的，是想向您介绍一些我们公司的XX产品，相信它一定对您大有用处……""XX产品？哦对不起，我已经买过了，暂时还没有新的打算。"

很显然，对方的答复是"不"。而一旦客户说出"不"后，要使他改为"是"就很困难了。因此，在拜访客户之前，首先就要准备好让对方说出"是"的话题。

例如，对方一出现在门口，你就递上名片，表明自己的身份，同时说："在拜访你之前，我已看过你的客户资料了，你的XX产品是3年前从我们公司买的，对吧？"只要你说的是事实，对方必然不会否认，而只要对方不否认，自然也就会说"是"了。

就这样，你已顺利得到了对方的第一句“是”。这句本身，虽然不具有太大意义，但却是整个销售过程的关键。

“那你一定知道，我们公司又推出不少新的产品喽？”除非对方存心和你过意不去，否则，他必然会同意你的看法。这么一来，你不就得到第二句“是”了吗？

如果对方真的要拒绝，那不仅仅是口头上的一声“不”，同时，他所有的生理机能也都会进入拒绝的状态。然而，一句“是”却会使整个情况为之改观。所以，会聊天的销售员明白，比“如何使对方的拒绝变为接受”更为重要的是：如何不使对方拒绝。

会聊天的销售员一开始同客户会面，就会留意向客户做些对商品的肯定暗示，例如：

“X女士，本公司的储蓄型保险是你最好的投资机会，3年后开始返还，你获得的红利正好可以支付你儿子的大学费用！”做出诸如此类的暗示后，要给客户一些充分的时间，以便使这些暗示逐渐渗透到客户的思想里，进入客户的潜意识里。

当他认为已经到了探询客户购买意愿的最好的时机，就这样说：

“为人父母，都要尽可能地让儿女受到最良好的教育，怎么样，你考虑过这方面的问题吗，我劝你向本公司投保。”

“你有权花钱买到最佳保险组合，你可别错过这个机会，选择我们的保险公司吧！”

会聊天的销售员在交易一开始时，利用这个方法给客户一些暗示，客户的态度就会变得积极起来。等到进入交易过程中，客户会对销售员的暗示仍有印象。

客户经过商谈过程中长时间的讨价还价，办理成交又要经过一些琐碎的手续，所有这些都会使得客户在不知不觉中将我们预留给他的暗示，当作自己所独创的想法，因此，客户的情绪受到鼓励，定会更热情地进行商谈，直到成交。

事实上，“我还要考虑一下！”这个借口也是可以避免的。一开始商谈，就立即提醒对方该当机立断。具体方法有很多，举例说明一下：

“以你目前的成就，我想，也是经历过不少风浪吧！要是在某一个关头稍微一疏忽，就可能没有今天的你了，是不是？”不论是谁，只要他或她有一丁点成绩，都不会否定上面的话。等对方同意甚至大发感慨后，我们就接着说：

“我听很多成功人士说，有时候，事态逼得你根本没有时间仔细推敲，只能凭经验、直觉而一锤定音。当然，一开始也会犯些错误，但慢慢地判断时间越来越短，决策也越来越准确，这就显示出深厚的功力了。犹豫不决是最要不得的，很可能坏大事呢。是吧？”

即使对方并不是一个果断的人，他也不会希望别人说自己犹豫不决，所以对上述说法点头者多，摇头者少。那么，下面你就可以继续你的说服工作了。

“我也最反感那种优柔寡断，成不了大器的人。能够和你这样有决断力的人谈，真是一件愉快的事情。”这样，你怎么还会听到“我还要考虑考虑”之类的话呢？

其实，任何一种借口、理由，都有办法事先堵住，只要你好好动脑筋，勇敢地说出来。也许，一开始，你运用得不纯熟，会碰上一些小小的挫折。不过不要紧，总结经验教训后，完全可以充满信心地事先消除种种障碍，直奔成交，并巩固签约成果。

精于谈判，摧毁客户最后防线

在销售过程中，客户表示出购买意向后，双方不可避免的就要进行商谈，在达成共识后才能成交。这样一来谈判就成了一个非常重要的环节，只有商谈好价格等诸多细节，排除异议后，才能正式成交。

我们首先来看看销售中应该采取的谈判策略。

（1）找到双方认可的客观标准。在谈判过程中，尽管充分理解对方的利益所在，并绞尽脑汁为对方寻求各种互利的解决方案，同时也非常重视与对方发展关系，但还是可能会遇到令人非常棘手的利益冲突问题。若就某一个利益问题互不让步，即使强调“双赢”也无济于事。

谈判中，在利益冲突不能采取其他的方式协调时，使用客观标准就能起到非常重要的作用。

例如，市场价值、替代成本、折旧率的计算等等。要寻求并使用双方都认可的客观标准，这样双方才会认为谈判的基础是公平的，才能减少分歧继续谈判下去。实践证明，此种方式的谈判非常有效，可以不伤和气地快速取得谈判成果。

（2）不要太执着于各自立场。许多谈判僵持太久甚至一拍两散，就是因为过于重视立场或原则，双方各不相让。我们应该明白，在谈判双方对立的立场背后，不仅存在冲突的利益，而且还存在共同的或可以彼此兼容的利益。

例如，在制造业的销售谈判中，双方往往坚持各自的价格立场互不相让。其实价格立场背后还会有许多利益的存在，而且这些利益的存在对双方并不一定就是冲突。价格中是否包括外包装的费用？双方交货时间的安排对谁更重要？运输的责任必须是由买方来承担吗？是想签订长期销售合同，还是一笔交易的合同？等等。

可见，一项合同谈判的立场背后还会有许多的利益因素。所以我们必须彻底分析双方的利益所在，认清哪些利益对于自己是非常重要的，是决不能让步的；哪些利益是可以让步的，是可以用来作为交换的条件的。盲目坚持立场和原则，往往会使谈判陷入僵局或者使谈判彻底失败。

要知道，让步的谈判并不等于是失败的谈判。在谈判中最忌讳的是随意做出不恰当的让步。会聊天的销售员会用对自己不重要的条件去交换对对方无所谓、但对自己却很重要的一些条件。这样才能达到双赢。

在谈判中，利益的交换是非常重要的。双方谈判能否达到双赢，主要取决于双方让步的策略，而识别利益因素往往依赖于双方之间的沟通。在谈判中，不妨向客户多问几个为什么，如“您为什么一定要特别要求……”、“您为什么不能接受……”等诸多问题，以此来探求对方的真实利益所在。在销售谈判中，对于利益问题，应注意强调你为满足对方利益所做出的努力，当然，你也要对对方的努力表示钦佩和赞赏。

（3）“双赢”是最完美的结局。在许多谈判中，由于谈判者更多的是注重追求单方面利益，坚持固守自己的立场，而从来也不考虑对方的实际情况，结果买卖没有成交。如果片面地认为谈判对手的问题始终该由他们自己解决，谈判就是要满足自己的利益需要，替对方想解决方案似乎是违反常规的，这就大错特错了。

实践表明，成功的谈判应该使得双方都有赢的感觉。只有双方都是赢家的谈判，才能使以后的合作持续下去。因此，如何创造性地寻求双方都接受的解决方案乃是谈判的关键所在，特别是在双方谈判处于僵局的时候更是如此。

在掌握了销售策略的同时，我们还应该学习一些谈判技巧，只有把策略和谈判技巧结合起来运用，方能收到最佳的效果。那么，常用的谈判技巧有哪些呢?

a. 营造好的谈判气氛。

b. 让别人认识了解你的立场、理由、观点。

c. 求同存异。一个问题一个问题地解决，让谈判继续下去，不要破坏谈判。

d. 要有耐心，不要期望对方立刻接受你的新构想。

e. 不要逼得对方走投无路，总要留点余地，顾及对方的面子。

f. 提出比预期达成目标稍高一点的要求，给自己留些余地。

g. 表现得小气一点，让步要慢，并且还得带点勉强的样子。

h. 为对方提供一项不失面子的让步方式，同时也使自己不致看来像是一个失败的谈判者。

i. 不要轻易亮出底牌，但要尽可能了解对手这方面的资料。

j. 伺机喊“中场休息”，以让对方有机会怀疑和重新考虑，而且让你有机会重获肯定的谈判地位或者以一点小小的让步，重回谈判桌。

k. 在谈判过程中，突然改变方法、论点或步骤，使对方陷入混乱或迫使对方让步。

l. 表现一点不耐烦的情绪化行为，必要时，可以提高嗓门，逼视对手，这一招或许可以让对手为之气馁，也可显示你的决心。

m. 纵使是对方小小的让步，也值得你争取。小小的让步，就对方而言或许算不了什么，但对你来说可能非常重要，说不定对方举手之劳，就能为你省下不少时间，减少不少麻烦。

在销售谈判中，我们一定要把策略和技巧结合起来运用才能解决问题，促成交易，过分退让或太强硬对谈判都没有好处。

第12章 职场有分寸：如何在办公室左右逢源

在职场中，说话的分寸至关重要。你必须懂得什么该说，什么不该说，要在不同的场合都说出合适的、有分量的话，如此，才能受到上司的重视、同事的喜欢，为自己创造出融洽和谐的关系氛围以及上升的空间。

人在职场，注意你说话的分寸

在职场混饭吃的人说话要有分寸，切不可信口开河，贸然出言，否则一语失言，悔之晚矣！

有些让领导不高兴、下不来台的话，要引起注意：

（1）回答领导的问题说："随便！""都可以！"

这样的回答，会让你的领导感到你感情冷漠，不懂礼节，对什么都采取一种漠不关心的态度。这样，你在他心中的印象就会下降一个档次，这可不是件好事情。

（2）对领导说："这事你不知道？"或"那事我早就知道了"。

这句话中带有明显的蔑视，不但是对领导，就是对熟悉的朋友也会造成很大的伤害，如果对方是你的领导，那你以后的日子可就不那么好过喽。

（3）对领导说："您辛苦了！"

这句话可不是你该对领导说的，这是领导对下属表示慰问或犒劳时说的话，如今反过来由下级对上级说，结果似乎不大妙。

（4）对领导说："太晚了！"

这句话的意思是嫌领导动作太慢，以至于误了事，尽管你不一定有此意，领导也一定会认为你是在责备他，这是他无法接受的。

（5）类似于"您的做法真让我感动"，"经理决策英明，我很感动"的话。

"感动"一词是领导对下属的用词，例如："你们工作认真、负责，我很感动！"

如果下属对领导用"感动"一词，就不大恰当了。尊重领导，应该说"佩服"。比如：可以这样说："经理，我们都很佩服您的果断！"

（6）不要对领导过度拘谨。

和领导说话应该小心谨慎，但不能太拘谨。要克服胆小怕事的心态，越是拘谨，反而容易出错，更容易被领导误认为你没有魄力，谨小慎微，不值得重用。

（7）"我想这事很难办！"

领导分配工作任务下来，下属却说："不好办"，"很困难"，这样直接地让领导下不来台，一方面显得自己在推卸责任，另一方面也显得领导没远见，让领导脸面上过不去。

（8）对领导说："不行是不是？没关系！"

这话明摆着是对领导的不尊重，缺少敬意。退一步来说，也是说话不讲方式方法，没有礼貌。

（9）接受领导交代的任务时说"好啊"、"可以啊"。

"好啊"、"可以啊"在语言含义上带有批准、首肯的意味，常用在领导通过对下属的审核意见时所说。正确的说法应是"是"、"知道"，"是"、"知道"表示"承受命令"的意味，用在下属承领领导的命令时说比较合适。

在领导面前说话要注意分寸，如果一不小心说错了话，一旦觉察到了，就应该就此打住，马上道歉。

与上司说话，需谨慎有加

在职场上，上司就是主宰我们命运的那个人，一句话说不好，就有可能因此丢掉饭碗，所以与上司说话，我们一定要慎之再慎。其实，与上司对话的忌讳也是有一定规律可循的，在这里我们将其总结出来，希望能够帮助你避开那"看不见的枪口"。

（1）不要轻视上司

一个人能够成为管理阶层，自然有他过人之处。作为下属，我们应该学习欣赏上司，而不应养成轻视上司的习惯。

"你当年没有我的帮助，哪会有今天？"

“你若非夫凭妻贵，能升得这么快吗？”

“你一生就是好运！”

……

这样的语言，不但对工作没有丝毫帮助，还会阻碍你向上的拼劲。要知道，不论他是靠什么升的级，好歹他今天也是你的上司，你最好能三缄其口。

撇开人格不谈，单就公事而论，上司必有下属可以学习的地方。例如沉着、遇事冷静、富有冒险精神或公私分明等等，总会有你可学之处，问题是你能否放下对抗之心去欣赏别人而已。

如你能欣赏上司，他自会在日常交往中察觉到，这就如他能在言谈中知道你对他的不敬一样。当上司因为你的欣赏感到快乐时，你的好日子也就不远了。

（2）别直言其非

有位朋友最近很不开心，他在开会时指出了上司的错误，事后被召去痛斥一顿。他觉得自己是出于对公司关心，才会直言谏议的，不料反受到指责，朋友一时很难想得通。

这位朋友的出发点无疑是好的，但他却不懂选择场合，忽略了“计巧”的使用。

任何人也不想当众被指出错误，更何况是你的上司？众目睽睽之下，你竟然把他的错误抖出来，叫他的面子往哪放？况且你是他的下属，这样做岂不是说他不如你？也难怪他责难于你。

而且，即使只有你与上司两人，也不宜直接指出他的错误。要知道，上司的自尊心最重要，你要指出他的错误时，需要懂得避重就轻，要婉转而清晰地传达本意。

举个简单的例子。假如上司写的英文信件中有某个字母用错了，致使整个意思歪曲，做秘书的可以婉转地询问上司，表示自己不明白这个字的解释，请他指点，待他说明以后，可以问他那个字母是否与另一个（正确的用法）相同，此时上司应能心领神会。

其实，只要下属能时常记住自己的身份，便不难避免直说其非的错误发生。

（3）有损自己的话坚决不说

与上司聊天尤其是闲聊时，我们往往在上司的“随意”面前放松警惕，说出一些本来不该说、平常不敢说的话，其结果会很快反应在上司对你的认识和任用上。

所以与上司打交道时，我们必须时刻小心才是。当上司问你任何一个问题时，迅速转动大脑：他提问的真正“目的”何在？然后针对他的“目的”，具体地回答，切不可问什么都如实回答。

例如，当上司问你：“当初为什么去当兵？”此时你就不要傻里傻气地回答：“因为怕自己考不上大学，只好去当兵。当兵回来有加分，才考上的。”这……未免太离谱了，哪有人自揭疮疤呢？对于这种查无实据的问题，我们完全可以美化一番：“当时生了一场重病，因此误了考试。而当兵的役期到了，病也好了，只得去当兵。”

（4）不可贸然向上司进言

中国古代法家代表人物韩非认为，部属不能随便向上司进言。他的论断虽有些偏激，但反映了进言宜慎重这个真理。韩非列举了进言者的十种危险，不妨参考一下：

（1）君主秘密策划的事，不知情者贸然进言就会有危险。

（2）君主表里不一的事，谁把这个情况说破，谁就会有危险。

（3）在进言被采纳的情况下，如果进言的内容被他人得到了，进言的人就要受到泄密的怀疑。

（4）为官资历尚深，还没得到君主信任时，如果把自己的才能全显露出来，那么，即使谋划成功，也不会受赏；如果谋划失败，反而受怀疑。

（5）揭露君主的过失，用道德理论加以指责，那是危险的。

（6）君主用他人的意见获得成功，并把这个成功归于自己，知道这个秘密的人会有危险。

（7）强制君主从事自己能力以上的事，这样的事会让君主难堪，这个进言者会有危险。

（8）如果君主谈论人的品格，又别有所指，接着再谈论平庸的人，并有煽动之意，幕僚们就要有所警惕。

（9）赞扬君主宠爱的人，如果你想接近他，就会受到怀疑；指责君主厌恶的人，如果是试探，你也会受到怀疑。

（10）在向君主进言时，只说大话，毫无针对性，当仔细讨论时，就会让人反感；如果发言过于小心，就会被认为是愚笨；如果高谈阔论自己的计划，就会被斥为信口开河。

（5）不要和上司称兄道弟

我们不一定要把组织弄得像军队一般严谨，但对于上司和下属的关系也应划分清楚；不可有搪塞马虎、得过且过的想法。凡事轻率随便的态度，往往给人无法信赖的感觉。

主从关系必须严格划分，不可乱了分寸，权责不明、未经授权而强出头，对所指派的任务也任意曲解、自作主张，将使整个组织失控。举个较为浅显的例子：行进间如遇上级，必须等长官通过自己再行进；

上、下台阶时，必须先停止、行注目礼后再随后前进。

在企业组织中，上下之间的关系最容易混淆；常有冲犯而不自知。年轻气盛的员工，只为突显、膨胀自己的角色，往往不知礼貌，动辄直呼长官名字，或者干脆称兄道弟，这些没大没小的幼稚行径，都是办公室里的忌讳。

上级有事召见时，切忌推三阻四、耍“派头”，给人“装模作样”且又成不了大事的印象。

交谈对象若为上级主管，不可省略对他的职称，必须冠以“某某科长”、“某某主任”等尊谓；即在平辈间，也不可疏于礼貌，应以“先生”、“小姐”或以“某科长”、“某主任”等称呼，如此才可算作恰当。

上司作为一个特定的群体，可以说主宰着我们事业的生杀大权，因而在与上司打交道时，我们一定要多留心眼，慎之、再慎之，尽量将话说圆，绝不要他烦哪口你偏喂哪口，横着脑袋硬往墙上撞。

恭敬领导，顺情说好话

人性的弱点决定了人是最禁不住恭敬的动物。对领导来说也是如此，他是你领导，你恭敬他是理所当然的。你恭敬了他，他反过来也恭敬和重视你，得到恭敬的人是不会放着对方的难题不管的。

会聊天的人，话说得好听，说得到位，领导便易于接受他提出的建议或要求，否则即便是一件简单的事情，也会容易办砸，所以我们要学会顺情说好话。顺情说好话一般叫作赞美或者颂扬。

当然，恭敬领导一定要注意技巧。如果称赞领导不恰当，反而会弄巧成拙，落下一个“溜须拍马”的坏印象。另外，在称赞领导时应针对不同情况，给予不同方式的称赞，不然赞美用错了，会让你画虎不成反类犬。

有个公司的部门经理对总经理抓好公司业务的同时，结合自己工作实践撰写了一本《经商之道》的书稿，这样称赞道：“你在企业工作真是一个错误的选择，如果你专门研究经营管理，我相信你一定会成为商务管理的专家，会有更加突出的成果问世。”

总经理听完部门经理的一席话，不满地说：“你的意思是说我不适合做公司的总经理，只有另谋他职了？”见总经理产生了误解，本来想给总经理“戴高帽”的部门经理吓得头冒虚汗，连忙解释说：“不，不，不，我不是这个意思，我是说……”

还是秘书过来替部门经理打了个圆场，说道：“部门经理意思是说您是个多才多艺的人，不仅本职工作抓得好，其他方面也非常出色。”

可见，同是称赞一个人、称赞一件事，不同的表达方法，其效果悬殊是很大的。

恭维赞扬不等于奉承，欣赏不等于谄媚。赞扬与欣赏领导的某个特点，意味着肯定这个特点。只要是优点、是长处，对集体有利，你可毫无顾忌地表示你的赞美之情。领导也需要从别人的评价中，了解自己的成就以及在别人心目中的地位。当受到称赞时，他的自尊心会得到满足，并对你产生好感。

及时主动，消除与领导间的误解

对于下属来说，嫉妒、多疑、防范、自负等心理很容易诱发领导对自己的不信任感，导致种种误解产生。同时对于领导复杂个性的不了解，也是产生误解的一个原因。对于领导来说，对下属性格、工作的不了解也会产生误解。

一般来说，下属与领导产生误解的原因是上下级之间存在着信息沟通不足。由于下属和领导间缺乏足够的交流，彼此对对方的情况没有一个较为清晰的认识，在判断事情上又常常加入一些主观色彩和心理因素，这就容易导致对对方的不客观认识和推测。

因此，下属与领导之间产生的误解可分成两个方面，一方面是领导对下属的误解，另一方面是下属对领导的误解。针对这两种情况，有区别地加以对待，并采取相应的对策。

（1）领导误解了你的处理方法

领导误解了下属，有其主观上的原因，更有客观上沟通不足的原因。领导处于一个中枢性的岗位，事务繁重，责任重大。他可能通过各种渠道，如人事档案、他人的汇报、平时的印象、特殊考验而对你有所了解，但一般而言，他不会主动去找你进行沟通。这样，便缺乏对你全面、直接和理性的认识，容易受他人意见的影响、本人直觉的左右和主观判断的影响，从而对你的言行产生认识误差。

下属对待领导误解最明智的态度就是：及时、主动地去消除它，不让它成为定形之见，不去消极回避和等待。

（2）主动沟通、积极接触

俗话说：理不讲不清，话不说不明。既然领导已明显地表露出对自己的某些看法，而且他不可能会主动找你谈心。那么你就应该主动地走上前去，找准机会，向领导展示自己的真实个性和真正意图，使领导能对你有一个较为全面的了解。

在必要的时候，你不妨针对领导对自己的误解坦白地谈，这样既能直指问题要害，把结成的扣子解开，又能为彼此的交流创造一种坦诚、公开的气氛，从而有利于解决问题。

但是，你一定要显示自己的真诚，向领导多提供一些正面的信息，培养自己在领导心中的良好形象；同时，对自己一些缺点也不妨勇敢地承认，以便使领导能充分感受到你的真诚和坦率。特别是对领导业已指出或有所察觉的缺点，更是要主动承认。同时也不妨为自己表白几句、加上几句辩护。自然，最后要表示改正的决心，这样会使领导有权威感。

（1）佯装不知，用行动表白

无论是在工作生活中，还是在人际关系中，有些事情是很难用语言来表达的，或者不宜说破。有时，佯装不知，“难得糊涂”，反而会比洞察秋毫，反应敏捷要好得多。

因此，下属觉察到领导对自己有了某种误解后，也可以不妨装作不知，以“大智若愚”、“问心无愧”的态度待之，抓住机会用实际行动来证明自己，消除上级领导的误解。

（2）你误解了领导的处理方法

领导可能会误解下属，有时，下属也会对领导产生误解。这是因为，二者所处的位置、考虑问题的角度、掌握的信息以及价值标准都存着一定的不同。因此，当领导言行中发出的信息不能够为下属所准确地理解时，往往也造成种种误会。

下属误会了领导怎么办呢？

（1）用行动表白自己

下属误会了领导，其种种想法可能深藏于心里并未在言行上加以暴露，可能并不为外人所知，或不为领导所察觉。

知道自己误会了领导时，下属最好的方法就是不动声色，言行照旧，不让别人了解自己内心的这些变化，而在内心上从容地调整自己的“外交战略”和应对策略。

（2）领导已经觉察时，主动道歉

当对领导的误解已转化为牢骚、不满、怠工甚至是对抗时，已为领导所察觉，这样，不动声色转变态度的方法就不可行了。“解铃尚须系铃人”，这时，下属可以从两个方面采取行动：

第一、主动沟通，当面道歉。下属主动去找领导，坦率地讲出过去的误解和得知真相后的心情，并当面表达自己真诚的歉意和支持领导工作的决心，以求消除领导的误会和猜疑。

当下属因对领导有误解而产生敌意，许多时候领导可能并不知道其中的原因，他也可能因猜疑而对你产生种种误会和敌视言行。所以，你一定要讲明原委，以真诚的力量化解领导心中的坚冰。一旦把问题讲清楚了，领导多半会很欣然地接受，并有兴趣进一步了解下属，甚至有可能使彼此的关系发生重大的转折，迈上一个新台阶。

第二、做几件实事。固然，下属和领导之间真诚、坦率的交流有助于双方解除误会。但是，如果没有行动上的支持，便会有新的误会产生，甚至领导会对你的动机产生怀疑。所以，下属一定要采取实际而有效的行动，使领导感受到自己对他的支持和拥护。一个支持性的举动，会增强你的可信度，拉近你与领导之间的距离；而缺乏这样一个举动，可信度就会逐渐降低，甚至成为负值，相应地双方彼此之间的误会则会进一步扩大。因此，下属一定要重视行动，把握时机，以表示自己对领导的支持。

适当附和，和领导一起发牢骚

只要是人，都有七情六欲，喜怒哀乐，做领导的也不例外。领导有时也会因某种原因而心中不满，发发牢骚。

当领导发牢骚时，下属应持什么态度，这也涉及与领导之间的关系问题，所以应采取适当的态度。

领导感到委屈，要发泄发泄自己心中的不满，而且还当着你的面，这说明两点，一点是领导对你信任所以才不避讳你；另一点是领导想得到你的同情，以便使其心理上得到安慰。

鉴于这种情况，当领导发牢骚时，我们适当附和一下是必要的，这并不是推波助澜、火上加油，而只是对他人的一种同情。往往附和之后，领导的气就消了，因为他发牢骚的目的，是想把心中的不快

“吐”出来，即“一吐为快”。现在“吐”出来了，而且又得到了他人的认可，心理上自然也就平衡多了。

领导发牢骚时我们适当附和，不但会帮助领导消气，同时，还会达到密切上下级关系的目的。因为在领导遇到不快时，我们给予同情，领导会对这样的下属产生好感，认为这样的下属会体贴人。

相反，当领导因心中不快而发牢骚时，我们采取漠然视之、毫不关心的态度，那么，领导便会对这样的下属不满意，认为这样的下属缺乏同情感，甚至还会误认为这位下属对自己有意见，专门在旁边幸灾乐祸。这样，上下级关系自然就不会那么融洽了。

当然，附和要注意适当，以达到尽快消气为目的，不可添油加醋、挑拨离间，防止使问题复杂化或引起领导更大的烦恼。

和领导一起发牢骚是有讲究的，当下属的只能做配角，协助领导消气，否则，做得太过，就会给领导一种虚假的感觉。

要善于报喜，更要精于报忧

职场中，下属向领导汇报工作必不可少。向领导报告工作中的成绩，等于向领导报喜；而向领导报告工作中的失误挫折之类的情况，就等于向领导报忧。

从企业大局的角度来讲，无论是喜是忧，都是领导应该必须认真对待的事情，即领导必须清楚地掌握企业运营过程中喜在什么地方，而忧又在哪些地方，并根据喜与忧的程度的不同，采取相应的措施，调控企业朝着发达的方向发展。

因此，我们在向领导报告工作时，必须实事求是，是喜说喜，是忧说忧；不夸大成绩，不缩小缺点。只有坚持这个原则，领导才会了解到真实的情况；也只有坚持这个原则，我们才被领导认为是诚实可靠、值得信赖的。

但是，原则不能覆盖方法。通常情况下，原则只是指出一种方向，而技巧和方法，则是保证原则得以体现的具体步骤。

（1）减少主动性

无论是报喜还是报忧，只要不是直接指定必须由你来作答，你就应该少说为佳，不说最佳。在这种情况下减少主动性，从实施效果上看，往往并不被动。

因为，议论喜与忧，本身就是一个是非问题。而爱说是非的人，不管是说公，还是说私，是议喜，还是论忧，其在企业内、单位内往往是不受众人欢迎的人物。更何况那些素质低下的领导常常混淆黑白，是非难辨，弄不好给你个恩将仇报，让你得不偿失。

所以，只要不是领导要求你来议论企业的功过、成败，那么你就应闭起自己的嘴巴，不要主动到领导那里报喜或者报忧。

（2）受宠不必惊

假如领导有兴趣和你一道议论工作的成绩与失误，这时，你切莫受宠若惊、忘乎所以、纵横议论，把你所有看到的、听到的、估计的、猜测的各种有关企业的、领导的喜与忧，信口开河倒了出来。这是一种不谨慎的表现。

要知道，人在受到器重时，往往有自鸣得意的情绪产生，似乎觉得这个企业就是自己和领导的了，因而会放开嘴巴评说企业与领导的功过是非。事实上，作为一名员工，不能因为得到“恩宠”，就放肆地议论企业的功过是非，因为你的见识和水平往往与领导的见识和水平存在着差距，信口开河会显得自己不稳重，见识短浅，进而给领导留下不良印象。

（3）顾此失于彼

假如一定要向领导报喜或者报忧，原则上应注意只谈自己，不谈别人，顾此，失于彼。

因为，实事求是地讲，一个人只能是对自己的所作所为最有发言权。不管是忧，还是喜，是成绩，还是失误，只要是自己的经历，谈起来你往往能切中要害。

所以，在向领导汇报工作时，你对自己在本职工作上的喜与忧，尽可以向领导陈述。但必须注意，尽量不要连带他人。他人的喜与忧，应由他人自己去说。

（4）忌揽功推过

无论是报喜，还是报忧，其中最大的忌讳是揽功推过。

所谓揽功，即是把工作成绩不适当地、不符合事实的往自己的功劳簿上记。不少人想不开其中的道理，他们在向领导汇报工作成绩时，往往有意夸大自己的作用和贡献，以为用这种做法就可以讨得领导的欢心与信任。实际上多数领导都是相当聪明的人，他们并不会因为你喜欢揽功，就把功劳记到你的账上去的。即便一时没有识破你的真相，他们也多会凭直觉感到你靠不住。因为人们对言过其实的人，多是比较敏感的。

所谓推过，就是把工作中因自己的主观原因造成的过错和应负的责任，故意向别人身上推，以开脱自己。它给人的印象是文过饰非，不诚实。

趋利避害是人的天性。但揽功推过却是人的劣根性。

不揽功，不推过，是喜说喜，是忧报忧，是一种高尚的人品和良好的职业道德的体现。采取这种态度和做法的人，可能会在眼前利益上遭受某些损失，但是从长远看，必定能够站稳脚跟，并获得发展的机会。

（5）成绩分给领导些

我们在工作中能够取得成绩，虽然是努力奋斗的结果，但是，请不要忘记，如果没有领导提供的工作岗位和工作条件，你是无法做出成绩的。因此，在谈成绩时，就不能不强调领导的贡献和作用。

由此延伸，我们可以得出一个重要结论：那些善于把成绩归功于领导的行为，常常是一种大智若愚的行为，而能够做出这种行为的人，也必定是一个德才品位较高的大智大勇者。

以上几点是我们向领导作汇报时所必须掌握的，通晓这些报喜与报忧的技巧，你才能在领导身边游刃有余。

同事相处必须遵守的言行法则

同事是你接触最频繁的一类人，一天中有大半部分时间都在和他们交往。因此搞好同事间的关系是非常重要的。关系融洽，心情就舒畅，这不但有利于做好工作，也有利于自己的身心健康。导致同事关系不够融洽的原因，除了重大问题上的矛盾和直接的利害冲突外，平时不注意自己的言行细节也是一个原因。有些言行会影响同事间的关系。以下给你做一个全面的阐述。

（1）有好事要通报

单位里发物品、领奖金等，你先知道了，或者已经领了，一声不响地坐在那里，像没事似的，从不向大家通报一下，有些东西可以代领的，也从不帮人领一下。这样几次下来，别人自然会有想法，觉得你太不合群，缺乏共同意识和协作精神。以后有事他们先知道了，或有东西先领了，也就有可能不告诉你。如此下去，彼此的关系就不会融洽了。

（2）事不关己也别高高挂起

同事出差去了，或者临时出去一会儿，这时正好有人来找他，或者正好来电话找他，如果同事走时没告诉你，但你知道，你不妨告诉他们；如果你确实不知，那不妨问问别人，然后再告诉对方，以显示自己的热情。明明知道，而你却张嘴就说不知道，一旦被人知晓，那彼此的关系就势必会受到影响。外人找同事，不管情况怎样，你都要真诚和热情，这样，即使没有起实际作用，外人也会觉得你们的同事关系很好。

（3）进进出出要互相告知

你有事要外出一会儿，或者请假不上班，虽然批准请假的是领导，但你最好要同办公室里的同事说一声。即使你临时出去半个小时，也要与同事打个招呼。这样，倘若领导或熟人来找，也可以让同事有个交代。如果你什么也不愿说，进进出出神秘兮兮的，有时正好有要紧的事，人家就没法说了，有时也会懒得说，受到影响的恐怕还是你自己。互相告知，既是共同工作的需要，也是联络感情的需要，它表明双方互有的尊重与信任。

（4）说说可以说的私事

有些私事不能说，但有些私事说说也没有什么坏处。比如你的男朋友或女朋友的工作单位、学历、年龄及性格脾气等；如果你结了婚，有了孩子，就说说有关爱人和孩子方面的话题。在工作之余，都可以顺便聊聊，它可以增进了解，加深感情；倘若这些内容都保密，从来不肯与别人说，这怎么能算同事呢？无话不说，通常表明感情之深；有话不说，自然表明人际距离的疏远。你主动跟别人说些私事，别人也会向你说，有时还可以互相帮帮忙。你什么也不说，什么也不让人知道，人家怎么信任你。信任是建立在相互了解的基础之上的。

（5）有事可以向同事求助

轻易不求人，这是对的。因为求人总会给别人带来麻烦。但任何事物都是辩证的，有时求助别人反而能表明你对别人的信赖，能融洽关系，加深感情。比如你身体不好，你同事的爱人是医生，你不认识，但你可以通过同事的介绍去找，便可以诊得快点，诊得细点。倘若你偏不肯求助，同事知道了，反而会觉得你不信任人家。你不愿求人家，人家也就不好意思求你；你怕人家麻烦，人家就以为你也很怕麻烦。良好的人际关系是以互相帮助为前提的。因此，求助他人，在一般情况下是可以的。当然，要讲究分寸，尽量不要使人家为难。

（6）不要拒绝同事的“小吃”

同事带点水果、瓜子、糖之类的零食到办公室，休息时分吃，你就不要推，不要以为难为情而一概拒绝。有时，同事中有人获了奖或评上了职称什么的，大家高兴，要他买点东西请客，这也是很正常的，对此，你可要积极参与。你不要冷冷坐在旁边一声不吭，更不要人家给你，你却一口回绝，表现出一副不屑为伍或不稀罕的神态。人家热情分送，你却每每冷漠拒绝，时间一长，人家就有理由说你清高和傲慢，觉得你难以相处。

（7）不要总和一人“咬耳朵”

同办公室有好几个人，你对每一个人要尽量保持平衡，尽量始终处于不即不离的状态，也就是说，不要对其中某一个特别亲近或特别疏远。在平时，不要老是和同一个人说悄悄话，进进出出也不要总是和一个人。否则，你们两个也许亲近了，但疏远的人可能更多。有些人还以为你们在搞小团体。如果你经常在和同一个人“咬耳朵”，别人进来又不说了，那么别人不免会产生你们在说人家坏话的想法。

（8）不要热衷于探听家事

能说的人家自己会说，不能说的就别去刨根问底儿，每个人都有自己的秘密，有时，人家不留意把心中的秘密说漏了嘴，对此，你不要去探听，不要想问个究竟。有些人热衷于探听，事事都想了解得明明白白，根根梢梢都想弄清楚，这种人是要被别人看轻的。你喜欢探听，即使什么目的也没有，人家也会忌你三分。从某种意义上说，爱探听人家私事，是一种不道德的行为。

和同事聊天，不能什么话都说

随便说话的害处是非常多的。比如某君有不可告人的隐私，你说话时偏偏在无意中说到他的隐私，说者无心，听者有意，他会认为你是有意跟他过不去，从此对你恨之入骨；他做的事，别有用心，极力掩饰不使人知，如果被你知道了，必然对你非常不利。

如果你与对方非常熟悉，绝对不能向他表明，你绝不泄密，那将会自找麻烦。唯一可行的办法，只有假装不知，若无其事；他有阴谋诡计，你却参与其事，代为决策，帮他执行，从乐观的方面来说，你是他的心腹，而从悲观的方面来说，你是他的心腹之患。

你有得意的事，就该与得意的人谈；你有失意的事，应该和失意的人谈。说话时一定要掌握好时机和火候。不然的话，一定会碰一鼻子灰，不但目的达不到，而遭冷遇、受申斥也是意料中的事。有些奸佞小人，巧妙地利用了别人在说话时机、场合上的失误，拿他人当枪使，以达到损人利己的目的。

有句老话叫作“祸从口出”，为人处世一定要把好口风，什么话能说，什么话不能说，什么话可信，什么话不可信，都要在脑子里多绕几个弯子，心里有个小九九。害人之心不可有，防人之心不可无。一旦中了小人的圈套为其利用，后悔就来不及了！

每个人都有自己的秘密，都有一些压在心里不愿为人知的事情。同事之间，哪怕感情不错，也不要随便把你的事情，你的秘密告诉对方，这是一个不容忽视的问题。

你的秘密可能是私事，也可能与公司的事有关，如果你无意之中说给了同事，很快，这些秘密就不再是秘密了。它会成为公司上下人人皆知的故事。这样，对你极为不利，至少会让同事多多少少对你产生一点“疑问”，而对你的形象造成伤害。

还有，你的秘密，一旦告诉的是一个别有用心的人。他虽然不可能在公司进行传播，但在关键时刻，他会拿出你的秘密作为武器回击你，使你在竞争中失败。因为一般说来，个人的秘密大多是一些不甚体面、不甚光彩甚至是有很大污点的事情。这个把柄若让人抓住，你的竞争力就会大大地削弱。

小窦是某唱片公司的业务员，他因工作认真、勤于思考，业绩良好，被公司确定为中层后备干部候选人。只因他无意间透露了一个属于自己的秘密而被竞争对手击败，终于没被重用。

小窦和同事李为私交甚好，常在一起喝酒聊天。一个周末，他备了一些酒菜约了李为在宿舍里共饮。俩人酒越喝越多，话越说越多。酒已微醉的小窦向李为说了一件他对任何人也没有说过的事。

“我高中毕业后没考上大学，有一段时间没事干，心情特别不好。有一次和几个哥们喝了些酒，回家时看见路边停着一辆摩托车，一见四周无人，一个朋友撬开锁，由我把车给开走了。后来，那朋友盗窃时被逮住，送到了派出所，供出了我。结果我被判了刑。刑满后我四处找工作，处处没人要。没办法，经朋友介绍我才来到厦门。不管咋说，现在咱得珍惜，得给公司好好干。”

小窦来公司三年后，公司根据他的表现和业绩，把他和李为确定为业务部副经理候选人。总经理找他谈话时，他表示一定加倍努力，不辜负领导的厚望。

谁知道，没过两天，公司人事部突然宣布李为为业务部副经理，小窦调出业务部另行安排工作。

事后，小窦才从人事部了解到，是李为从中捣的鬼。原来，在候选人名单确定后，李为便找到总经理办公室，向总经理谈了小窦曾被判刑坐牢的事。不难想象，一个曾经犯过法的人，老板怎么会重用呢？尽管你现在表现得不错，可历史上那个污点是怎么也不会擦洗干净的。

知道真相后，小窦又气又恨又无奈，只得接受调遣，去了别的不怎么重要的部门上班。

既然秘密是自己的，无论如何也不能对同事讲。你不讲，保住属于自己的隐私，没有什么坏处；如果你讲给了别人，情况就不一样了，说不定什么时候别人会以此为把柄攻击你，使你有口难言。

所以说，只有恰到好处地把握好说话的分寸，才会在与人交往的过程中做到游刃有余，而且也不会给自己招来祸端。

三言两语巧解办公室尴尬

办公室里人多嘴杂，有时你难免会说错话，造成一瞬间的尴尬。遇到这种情况，不要过分自责、不要耿耿于怀，也不要置之不理。你可以岔开话题，转移大家的注意力，也可以幽之一默，调节气氛。总之，只要你的头脑活泛，舌头灵活，是很容易挽回局面的。

以下是办公室中常见的几个尴尬瞬间，大家不妨一同去看看，会聊天的人是如何应对的。

（1）开玩笑却遭到怒骂时

开玩笑也是人际关系的交流方式，但必须得到对方的共鸣才能成立。自己觉得有趣对方却不以为然，这样的玩笑，充其量不过是自己在耍猴罢了！不理会对方的心情而一味地自我欣赏，将很容易激怒对方。

如果职员能够看清上司喝茶时那副不高兴的神情，就不至于去和他开玩笑了。

当上司向部属板起脸时，大都是因为其部属的表现令他不满。这时受到斥责的部属不但要顺着他的意思，而且还要尽快找出导致上司不高兴的原因，如此才能化不快为愉快。

所以，遭到上司出乎意外的斥责时，应马上道歉："对不起，我竟然开了这种无聊的玩笑！"

同时，要迅速思考今天到底发生了什么事，会让上司这么不高兴。

早上，有什么事呢？早上科长不是只去开会吗？——对了，一定是开会时受到了批评吧！问题大概出在科里的企划方案上吧！

"我们科里提的企划方案，怎么样了？"一确定问题，就大胆地提出。

"那个企划不行！早上开会时……"

憋了一早上的闷气，上司终于可以借着这个问答发泄出来，等事情讲完时，刚才所造成的尴尬气氛，也会云消雾散了。

（2）说曹操，曹操就到时

午休时间就快要到了，科长又出去参加业界的聚会。大概就是这个缘故吧，办公室内一派闲散的样子，几位同事也在一起东家长西家短地闲谈，不知不觉间就开始说到科长身上了。

陈海涛做事认真，个性又开朗，在办公室里人缘很好，只是有点冒冒失失，喜欢一高兴就恶作剧一番。

不例外地，当他听到大家都在说科长的坏话时，便趁机起哄：

“我也这样认为，科长实在是一位老古董，动不动就要拿伦理道德、礼仪规范来说事，他根本就不知道现在是流行新潮的时代……”

大家怎么突然都变得正经八百，规规矩矩的？

当陈海涛发觉情形不对时，已然大事不妙，原来科长已站在了自己的身后。

“怎么，我又哪里不好了吗？”

科长当场就冲着陈海涛丢下这么一句火药味极重的话，糟了，陈海涛这下子万事休矣！

在会话礼节中，最忌讳的是背后说人坏话。可是大家大概都不否认，能肆无忌惮地批评别人，是最令人感到愉快的。人都有劣根性，明知说人坏话是最要忌讳的事，可是却总忍不住要说上几句。

既然如此，明知偶尔免不了要对别人说长论短，那何不在说法上多注意点呢？至少要先弄清楚说话的场合和坏话的程度。

如果是充满个人憎恶情绪的坏话，即便听者都可能会有“说得太过分了吧！”的感觉。

陈海涛的情形不算说得过分，但问题在于说话的地点不对。

尽管上司不在，但办公室终归是办公室。此外，同事常去的餐馆或咖啡厅一类场所，亦不是谈论同事长短的地方。

像陈海涛这种情况，强词夺理只会把气氛越弄越糟。最好的方法还是赶快低下头道歉！

通常一位通情达理的上司看到下属诚心认错时，应该都会既往不咎的，至少也不会让属下难堪或下不了台。

科长听到陈海涛的道歉后，反而装蒜似地说："这又是怎么一回事呢？"

既然科长佯装不知，陈海涛这时就要心存感谢地在表面上唱和着说："还好刚才的话没有被科长听到，真是谢天谢地！"

换句话说，就是彼此都装糊涂，这样才能化解尴尬的气氛。

可是事后，必须谨记科长放自己一马的恩惠，在日后的工作中好好表现，以作回报。

（3）名字被叫错时

名字类似的同事在同一个集体内，经常会有张冠李戴的笑话发生。

陈诚先生就是这样。因为在同一公司内凑巧就有一位老同事叫作"陈腾"，因此，他就经常被误叫名字。

今天一位新分配来的女职员一时疏忽，又叫他"陈腾先生"，他感到非常懊恼，因此就默不吭声，不理睬对方。

这样做对吗？一个经常跟自己碰面的人，却搞不清自己姓氏名字，这的确是令人很不愉快的事情。可是，这也没到不可忍受的地步吧！既然对方记不清楚，自己干脆再报一次姓名就好了，譬如：

"我是陈诚呀！这个名字也实在是太平淡了，不好记。"

此外，汉字中有很多同音异字，有时一个名字叫作"健"的人，难免会有被错写成"建"、"贱"……这时候我们不妨幽之一默："对不起，我的名字是健康的'健'呀！此'健'非彼'贱'哦！"

名字被弄错时，这种近乎诙谐的指正方法，反而会令大家皆大欢喜，关系更加融洽。

第13章 私交有话术：如何与朋友相爱相亲

朋友间的交往离不开交谈，聊天能力的高低是一个人能否获得友情、维系友情、加深友情的关键。一切的人情世故一大半体现在聊天当中。聊起天来，若能像葡萄一样玲珑剔透、圆润光滑，那么你在朋友圈里人缘一定好得不得了。

朋友尴尬时，巧解围不添乱

在生活中，每个人都有过面红耳赤、非常难堪的时候，这时，只有熟谙人情世故，设身处地地为他人着想，当朋友尴尬时，以高明说话技巧应变，才不会添乱子。

（1）不要冷眼旁观，尽量帮忙解围

让人尴尬的事总是突如其来，不管你与他是素不相识，还是相知好友，在别人突然陷入尴尬境地的时候，你都该尽可能地伸出援助之手，帮他解围。

同事王老师前几天与爱人吵架，今早刚刚和好，不知从哪儿听说女儿受了委屈的丈母娘，一早便气势汹汹地到学校找女婿理论。见此情景，在场的齐老师赶忙打圆场说：“伯母，怎么您来时没碰到您的女儿啊？她说要到市场给王老师买一块西装料，还要买些肉请您全家吃饺子呢！”别的老师也随声附和，老太太一听，知道女儿女婿已经和好，也不好意思再闹下去，乐呵呵地走了。事后，王老师真的请岳母吃了饺子，还硬拉上齐老师，说要好好谢他呢！因此，假如你能够帮上忙或是为别人做出解释，你都应当尽可能地帮助他走出进退两难的尴尬境地，而千万不要在旁边看热闹、偷嘴笑。

（2）如果不能帮忙，那就视而不见

在有些场合，别人尴尬，你不一定能帮上忙，那么视而不见是面对别人出丑时最妥当、最容易让人接受的一种态度。

阿林带着小王一起去他所在的公司。阿林的上司见到他们后，为工作上的事责备阿林，冲着他大发雷霆。当着朋友的面，阿林觉得很失面子，可一时又不敢顶撞怒气冲冲的上司。小王见此情景，默默地走开了。一会儿他再来时，上司已经接受了阿林的解释，并且为刚才的失态向他们表示了歉意。在别人尴尬的时候，如你实在不便插话帮助解围，那么最好的办法就是和小王一样视而不见，暂时离开，让他能够无所顾虑地处理这些意外，对自己的难堪也就能够心平气和了。

（3）如果原因在你，不妨宽容待之

在一次家宴上，小翠一直抱怨沙拉鱼丸不好吃：“要是让姑妈做就好了，她做这道菜是很有名的。”姑妈在旁边微笑不语。弟弟白了小翠一眼：“这菜是姑妈今天特地做给你吃的。”小翠大惊之下，知道自己出言不慎，一时不知如何解释，脸一下子红了。姑妈笑着对小翠说：

“不用难为情嘛！这菜不好吃是事实，我把糖当盐放了，明天姑妈重做，让你们尝尝并提提意见，让我这手艺更加有名。”

这类事在生活中也常碰到，别人会因为无意中伤害到你而感到羞愧万分、左右不是，这时你不妨用恰当的言辞宽容待之。有人曾经在商店把一位短发的女售货员当作男售货员招呼，当她转过身时，此君才发现人家分明是黛眉朱唇的小姐。小姐看到他难为情的样子，便打趣说：“明天，看来我只得穿裙子来上班了，不然恐怕连我的男朋友从背后也认不出我了。”小小的玩笑，显示出了她的善解人意和风趣，也让此君的尴尬烟消云散。

朋友有矛盾，做和事佬巧打圆场

所谓“打圆场”，并不是“和稀泥”，这是一种从善意的角度出发，以特定的话语去缓和紧张气氛、调节人际关系的一种语言技巧，它在日常生活中有着非常积极的意义。

其实“打圆场”也有它一定的技巧，我们举个例子说明一下：

话说有个理发师傅带了个徒弟。徒弟学艺几个月以后，这天正式上岗。他给第一位顾客理完发，顾客照照镜子说：“头发留得太长。”徒弟不语。师傅在一旁笑着解释：“头发长使您显得含蓄，这叫藏而不露，很符合您的身份。”顾客听罢，高兴而去。

徒弟给第二位顾客理完发，顾客照照镜子说：“头发留得太短。”

徒弟不语。师傅笑着解释：“头发短使您显得精神、朴实、厚道，让人感到亲切。”顾客听了，欣喜而去。

徒弟给第三位顾客理完发，顾客边交钱边嘟囔：“剪个头花这么长的时间。”徒弟无语。师傅马上笑着解释：“为‘首脑’多花点时间很有必要。您没听说：进门苍头秀士，出门白面书生！”顾客听罢，大笑而去。

徒弟给第四位顾客理完发，顾客边付款边埋怨：“用的时间太短了，２０分钟就完事了。”徒弟心中慌张，不知所措。师傅马上笑着抢答：“如今，时间就是金钱，‘顶上功夫’速战速决，为您赢得了时间，您何乐而不为？”顾客听了，欢笑告辞。

我们看，故事中的这位师傅是何等的能说会道，他舌绽莲花，每次得体的解说都巧妙地帮助徒弟摆脱了尴尬，让对方转怨为喜，高高兴兴地走出门去。从他的这几番话语中我们可以看出，“打圆场”有一个关键点，那就是要善于使用吉利的语言。

用好听的话来打动对方，说得对方心里欢喜，这是打圆场的一个诀窍。“爱听好话”——这是人们的心理共性，当场面尴尬时，如果我们能够巧妙利用这种心理，有针对性地选择其中一方能够接受的语言来加以说和，那么气氛就很容易得到缓解，那好不尴尬的双方自然也会冰释前嫌。

另有一种情况，生活中，当你所熟悉的人发生争执并请你做裁判时，毫无疑问我们会感到非常尴尬——你说谁对也不好，说谁错也不是，稍有不慎便会“里外不是人”，这个时候，就需要你迅速调动思维，以合适的话语将场面圆下来。

生活中我们常会遇到一些争端，这些争端以常法去解决往往不能轻易解决，这时候换一种思路，找到能消除障碍的法宝，让他想争也争不起来，问题自然迎刃而解。

刘复才为江夏县知事，为人极为敏捷，常常在两方争执不下之际，他用一两句话就给双方打了圆场。都督张之洞和抚军谭继洵平时意见就不太一致。这天，刘复才在黄鹤楼设宴，二公及其他客人都在座。酒过三巡，诸位都有不少醉意了。忽然，一位客人不知怎么谈起了武汉江面有多宽的问题。谭继洵说有五里三分宽，他的话音未落，张之洞就说道："不对！我记得确实，是七里三分宽。"

两人顿时争执起来，互不相让，旁边坐着的诸位客人劝说也无济于事，只好任由他俩争执。

刘复才坐在末座，看见席间这番争执，感到情况不好，继续争下去，搞得不欢而散可就糟了。他急中生智，徐徐举起手来，说道："江面水涨，则宽七里三分。水落，则五里三分宽了。张公是就水涨时说的，谭公则是就水落时说的。两位先生都没有错。"

张之洞和谭继洵听到这话，顿时哈哈大笑起来，席间顿时恢复了原有的轻松气氛。

旁座的诸客都为刘复才的片语解纷的机敏而折服。

人间需要"和事佬"。有机会充当这样的角色，是很有意义的事。有时候，双方陷入僵局，相持不下，顾及脸面，谁也不愿做个高姿态，给对方一个台阶。这时"和事佬"就大有用武之地了。"和事佬"最高超的功夫，就是"打圆场"。

所谓"打圆场"，是指交际人双方争吵或处于尴尬境地时，由和事佬出面站在第三者角度进行调解。打圆场近似于捧场，同是圆滑乖巧之为，但它没有捧场那般肉麻，而且在了结现实矛盾、平息事端的功效上，都比捧场高上一筹。“打圆场”运用得好，可以融洽气氛，联络感情，消除误会，缓和矛盾，平息事端，还有利于应付尴尬，打破僵局，解决问题。

凡事都有诀窍，打圆场也有打圆场的学问。归纳起来，我们在社交活动中巧打圆场的学问主要有以下几点：

（1）说明真情，引导自省

当双方为某件小事争论不休、各说一套、互不相让、纠缠不休时，无论对哪一方进行褒贬过分的表态，都犹如火上浇油，甚至会引火烧身，不利于争端的平息。因此，此时只能比较客观地将事情的真相说清楚，而不加任何评论，让双方消除误会，从事实中反省自己的缺点或错误，引导他们各自多做自我批评，使矛盾得到解决，达到团结的目的。

（2）岔开话题，转移注意力

如果属非原则性的争论，双方各执己见，而这场争论又没有必要再继续下去。不妨岔开话题，转移争论双方的注意力。

（3）归纳精华，公正评价

假如争论的问题有较大的异议而双方又都有偏颇，眼看观点越来越接近，但由于自尊心，双方又都不肯服输，不妨将双方见解的精华归纳出来，也将双方的糟粕整理出来，做出公正评论，阐述较为全面的双方都能接受的意见。这样，就把争论引导到理论的探讨、观点的统一上来了。

（4）调虎离山，暂熄战火

有的争论，发展下去就成了争吵，甚至导致大动干戈，如果双方火气正旺，大有剑拔弩张、一触即发之势，应冷静下来，当机立断，借口有什么急事（如有人找，或有急电），引当事人走开，暂时脱离争论，等消了火气，头脑冷静下来了，争端也就趋于平息了。

假如你想让两个过去抱有成见的人消除前嫌；假如你的朋友突然遇到过去关系很坏的人而你又在场；假如你作为随从人员参加的某个谈判暂处僵局……作为第三者，你应首先联络双方的感情，努力寻找双方心理上的共同点或共同感兴趣的问题。一幅名画、一张照片、一盘棋、一个故事、一则笑话、一句谚语、一段相同或相似的经历，乃至一杯酒、一支烟都可能成为双方感兴趣的话题，都可以成为融洽气氛、打破僵局的契机。

朋友心情差，安慰也要讲规则

面对需要安慰的人，我们首先要认同他的痛苦，但请不要试图一蹴而就地驱散他们的痛苦，我们或许没有这个能力。其实我们所能提供的，就是让他们尽快越过“痛苦深渊”的桥梁。

当亲朋好友、甚至是不甚熟悉之人伤心难过之时，很多人的心里也会跟着隐隐作痛，毕竟人的本性是善良的，这种同情是人之常情。所以，大多情况下，我们会想方设法改变这种情况，使对方尽快地脱离“苦海”。

虽说我们的初衷是好的，但因为没有掌握安慰人的套路，有时也确实会适得其反。是故，一些人为避免说错话，令对方痛上加痛，干脆三缄其口，以沉默来应对，因而错失了表达安慰和关心的机会，丢掉了拉近彼此关系的契机，于是“沉默”成了“冷漠”，这显然是不应该的。

还有一些人，确实是去“安慰”了，但由于没有掌握好说话的分寸，给人的感觉或是言不由衷，或是幸灾乐祸，或是不着边际……总之，让人听着并不是那样舒服……

那么，为什么会出现这种情况呢？究其根由，还是我们不懂得如何安慰人，没有掌握安慰人的原则。譬如下面这人：

老张最近遇到了难心事——自己的儿子刚刚走过人生的一次重大转折点——高考，在老张看来，这是孩子能否出人头地、能否高人一等、能否平安幸福的关键，甚至是全家的希望所在。可是，十几年寒窗苦读，无数日夜熬灯奋战，考出来的成绩却与心目中理想的重点学府分数线相差甚远。这差点把老张所剩不多的黑发都愁白了。

同事小赵是个普通本科学校的应届毕业生，刚刚进入公司不久，开朗活泼，为人热情，主动性强。眼见老张如此愁眉不展，便忍不住上前安慰：“我说张叔，其实你真的没有必要那么难过，考不上重点大学并不等于世界末日啊！文凭不过是块敲门砖嘛，重要的还是能力，只要是金子，到哪里都能发光，你看看我，也是普本毕业，现在混得也不算很差吧？”

老张看了看小赵，不置一词。

同事老王年近50，阅历丰富，能说会道，见状忙来打圆场：“老张啊，你现在心里的感受我能体会，我也是从那时候过来的。要说，你们一家子全力以赴，创造能创造的所有条件支持孩子，孩子又花了那么多心血备考，没考上重点，确实是有些可惜。但你也别太难过，毕竟难过解决不了问题，咱应该看看还有没有其他办法，看看亲朋好友中有没有人认识教育口或者是校方的人，说不准孩子就能去读重点大学呢。咱先别急，办法总是比困难多。”

老张听后，无神的眼睛似乎亮了一些，拉着老王攀谈起来。、

换做是你，相信你也会喜欢老王的安慰。这一老一少两位同事的安慰之词正好代表了两种方式。前者属于消极对比的安慰，而后者则属于积极性的安慰。相较于小赵的安慰而言，老王的话语中更蕴含着一些希望，能够让人在迷茫中看到曙光。相信，纵然老张的儿子最后没能进入重点大学，他的心中还是会非常感谢老王的。

由此可见，很多时候，虽然我们的初衷是好的，但未必就能产生好的结果，要使安慰的目的达成，避免产生副作用，我们就必须掌握安慰的套路。下面，就为大家介绍一些安慰需要掌握的策略和尺度。

（1）做个倾听者

当然，要你做倾听者，并不是要你自始至终都保持缄默。要想达到安慰的目的，首先我们应该仔细、认真地听清对方说的是什么，其话里话外究竟在表达着什么样的含义。事实上，很多时候，我们都只顾着表达自己的看法，而忽略了对方的话语深意，这俨然是不可取的。

倾听不只是用耳朵，它还需要我们用眼睛去“察”，用心去“悟”，但并不需要我们死死去追问事情的前因后果，因为这可能触及对方的隐私。其实有些时候，我们给予对方表达和宣泄的机会，就可以胜过在语言上给对方的安慰。

（2）不做要“教育者”

在安慰别人时，别以“教育者”自居，不要总说“你应该觉得……”或者“你不应该觉得……”之类的话语。要知道，每个人都有自我意识，他很清楚自己心里的感觉，不需要你来把控。我们去安慰人家，并不是去教育人家，不是去帮人家做判断。安慰，首先要尊重对方心里的感受，要认同他，我们不能以“应该”或“不应该”来表达自己的关心。

（3）与对方感同身受

面对面地去安慰一个人，其效果究竟如何，是与我们内心的真实状态存在很大联系的。倘若我们“心口不一”，一面说着安慰人的话，一面想着自己的美事，那么安慰是可能展现出诚意来的。相反，倘若我们能够对对方的遭遇感同身受，那么，我们便可体会到他们内心的痛苦，并找到最合适的语言。甚至同时，我们的内心也会因此而隐隐作痛，这种感同身受的表现与安慰，对于被安慰者而言，其实就是最好的语言。

（4）别拿自己当“救世主”

不要摆出一副救世主的姿态，不要无限夸大你的同情和怜悯，这会伤及对方的自尊，让对方感觉很不舒服。

另一方面我们要认识到，我们只是陪同或帮助对方度过痛苦的时期，并不一定非要将它们从痛苦中迅速拔离出来。客观地说，任何人都需要为自己的行为承担相应的责任，有了这份痛苦或许他们才能更深刻地吸取教训。

我们要做的是，首先认同他们的痛苦，然后帮助他们去发泄，在这个过程中，我们只要让对方了解你的心意就够了！

处于这个“三高社会（压力高、血脂高、学历要求高）”中，需要安慰的人有很多，如我们的亲人、朋友，甚至是用事、网友……同样，在我们自己面对困惑之时，也希望得到别人的理解与安慰，可以说，安慰已经成了人际交往中不可或缺的一部分。所以，对此我们一定要有所了解，有所掌握。

朋友的隐私，不要拿来开玩笑

每个人都有不为人知的隐私。心理学家指出，没有愿意将自己的错误和隐私在众人面前“曝光”。所以，会聊天的人即便与对方的关系再好，也绝不会将别人的隐私公之于众，更不会将其当作笑料来调侃。因为这样一来，无疑是让人家当众出丑，“受害者”必然会感到尴尬和愤怒。

某饭店老板和妻子结婚两个月，就生下一个小孩，邻居们赶来祝贺。老板的一个要好的朋友乔尼也来了。他拿来了自己的礼物——纸和铅笔，老板谢过了他，并且问：

“尊敬的乔尼先生，给这么小的孩子赠送纸和笔，不太早了吗？”

“不”，乔尼说，“您的小孩儿太性急。本该九个月后才出生，可他偏偏两个月就出世了。再过五个月，他肯定会去上学，所以我才给准备了纸和笔。”

乔尼的话刚说完，全场哄然大笑，令饭店老板夫妻无地自容。

从这以后，这位饭店老板总是躲着乔尼。

调侃他人的隐私是不对的，上例中乔尼明显道出了饭店老板妻子未婚先孕的隐私，这样令大家都处于尴尬的局面。心理学家研究表明：谁都不愿把自己的错误和隐私在公众面前“曝光”，一旦被曝光，就会感到难堪而愤怒。因此，在与朋友交往聊天中，如果不是为了某种特殊需要，一定要尽量避免接触这些敏感区，以免使对方当众出丑。

别人的隐私一般不愿为外人所知，如果知道了，应尽量假装不知，给别人留下足够的余地。不经思考地传播、谈论更不足取。

大李和大徐两人不但是儿时的朋友，还是大学的校友，生意场上的伙伴。两人非常要好，到了无话不谈的地步，相互开玩笑时也无所顾忌。大徐原在某厂任财务科长，因经济问题被判刑三年，老婆跟他离了婚。出狱后痛改前非，终于事业有成，和大李一起，分别成为某集团公司属下两个分公司的经理。有一次，在总公司的例会上，轮到大徐发言，大徐谦逊道：“我想的意见大家都说过了，就不用再重复了。”大李对大徐的婆婆妈妈感到不满，开玩笑说：“你谦虚什么呢，还怕别人得了你的真传吗？好，你不愿说，我来替你说，你的成功之处在于掌握了‘三证’，一是大学毕业证，一是离婚证，一是劳改释放证。”在大家的哄笑声中，大徐的脸一下变成了猪肝色。从此，大徐与大李划地断交，形同陌路。

中国有句老话叫“祸从口出”，因此，出言一定要谨慎，对什么话能说，什么话不能说，要做到心里有数。

一个毫无城府、随意调侃他人隐私的人，不仅会因为他的浅薄俗气、缺乏涵养而不受欢迎，还极有可能因此惹祸上身。

所以在社交中能够避免探问对方隐私的嫌疑，这本身便是应酬成功的第一步。因此在你打算向对方提出某个问题的时候，最好是先在脑中过一遍，看这个问题是否会涉及对方的个人隐私，如果涉及了，要尽可能地避免，这样对方不仅会乐于接受你，还会为你在应酬中得体的问话与轻松的交谈而对你留下好印象，为继续交往打下了良好的基础。

在日常生活中，不要随意触及他人的隐私。在特殊情况下，如果迫于形势，不得不提及他人的隐私，这时，你应该采用委婉的语言暗示对方你已经知道他的错处或隐私，让他感到有压力而不得不改正。一般来说，知趣的、会权衡的人是会顾全双方的脸面而悄悄收场的。

朋友一些糊涂事，看破别说破

在朋友交往中，倘若你太不知分寸，凡事都要点个明明白白，也一定不会受到欢迎。因为你在彰显聪明的同时，已然无形中贬低了朋友的智商，谁又会对此无动于衷呢？

某女士新近购置一所住房，装修时托付室内设计师为自己的卧室装饰了一些窗帘。然而，等到账单送来时，她不禁瞠目结舌——太贵了，但既然已经买了，就是心疼也没有办法。

几天以后，她的一位朋友前来造访，她们来到卧室，朋友很快就被那副窗帘吸引了："哦，它真的很漂亮不是吗？你花了多少钱？"但当她说出价钱时，朋友的脸上不禁呈现出怒色："什么？你被骗了！他们太过分了！"

诚然，她说的是实话，但又有谁喜欢别人轻视自己的判断力呢？于是，房主开始为自己辩护，她告诉朋友：一分钱一分货，斤斤计较的人永远不可能买到既有品位而质量又高的东西。接着，二人你一言我一语，展开了唇枪舌剑，最终不欢而散。

又过几天，另一位朋友也来参观新居，与上位朋友不同，她一直对那些窗帘赞赏有加，并有些失落地表示，希望自己也能买得起这种精美的窗帘。听到这番话，房子的主人坦言，其实自己也不想买这么贵的窗帘，确实有些负担不起，现在有些后悔自己所托非人了。

人在犯错时，也许会对自己承认，但如果被人直言不讳地指出来，则往往很难接受，甚至会为维护自己的尊严而展开反击。试想，如若有人硬将鱼刺塞进你的咽喉，你会作何反应？话，有时不必说得太明白，即使事实摆在那里，也不该由你去揭破，让自己含糊一点，没有人会怀疑你的智商。事实上，如果换一种方式去渗透，反而会收到更好的效果。

其实，这世间本无绝对的对与错，更无绝对的公平，有时候要想把朋友关系处的更好，同时也是为了自己活得更好，就必须要适当地让自己糊涂一下，"委屈"一下。

朋友犯错误，给批评加一层糖衣

马卡连柯曾经说过："批评不仅仅是一种手段护更应是一种艺术；二种智慧。"富有人情味的批评，能够起到和风细雨润物细无声的效果，更是体现了教育的真谛——以人为本。

朋友有错误，我们要劝阻，但应该躲开正面批评，这是必须要记住的。如果有这个必要的话，我们不妨旁敲侧击地去暗示对方，对人正面的批评，会毁损他的自信，伤害他的自尊，如果你旁敲侧击，对方知道你用心良苦，他不但会接受，而且还会感激你。

德皇威廉二世在位时，目空一切，高傲自大。他建设陆、海军，欲与全世界为敌。

于是，一件惊人的事情发生了！德皇说了一些令人难以置信的话，震撼了整个欧洲，甚至影响到世界各地。最糟的是，德皇把这些可笑、自傲、荒谬的言论，在他做客英国时，当着群众的面发表出来。他还允许《每日电讯》照原意在报上公开发表。

例如，他说自己是唯一一个对英国感觉友善的德国人；他正在建造海军来对付日本的危害。德皇威廉二世还表示，凭借他的力量，可以使英国不屈辱于法、俄两国的威胁之下。他还说，由于他的计划，英国诺伯特爵士在南非才能战胜荷兰人。

在百年来的和平时期，欧洲没有一位国王会说出这样惊人的话来。

届时，欧洲各国的哗然、骚动蜂拥而至。英国人非常愤怒，而德国的那些政客们，更是为之震惊不已。

德皇也渐渐感到了事态的严重，可是，“君无戏言”！说过的话又怎能轻易挽回？于是，为了解脱自己，德皇只能慌慌张张地请布诺亲王代他受过，宣称那一切都是他的责任，是他建议德皇说出那些话来的。

可是，布诺亲王却认为，德国人或英国人是不会相信这是他的主意。布诺亲王说出这话后，马上发觉自己犯了一个严重的错误。果然，这激起了德皇的愤怒。

他大为恼火，德皇认为布诺亲王在辱骂他，说自己连他都不如。

布诺亲王原本知道应该先称赞，然后才指出他的错误，可是为时已晚了。他只有做第二步的努力：在批评后，再加以赞美。结果，奇迹立刻出现了。

布诺亲王紧接着开始夸奖德皇，说他知识渊博，远比自己聪明。

德皇脸上慢慢地露出笑容来，因为布诺亲王称赞了他。布诺抬高了他，贬低了自己。经布诺解释后，德皇宽恕了他，原谅了他。

布诺亲王用几句称赞对方的话，就把盛怒中傲慢的德皇，变成了一个非常热诚的人。

指责别人之前或之后承认自己无知、少知为智者明智之举。这既可使人看出其修养深度，又可令人容易接受；反之，自我感觉良好、咄咄逼人者，会给人一个蛮横无理的印象。

没有人愿意挨批，无论你说得有多正确，所以批评经常会引发一些负面效应。但是，回聊天的人却能够恰当地掌控批评方法与尺度，使批评达到春风化雨、甜口良药也治病的效果。

其实，很多时候批评的效果往往并不在于言语的尖刻，恰恰在于形式的巧妙，正如一片药加上一层糖衣，不但可以减轻吃药者的痛苦，而且使人很愿意接受。批评也一样，如果我们能在必要的时候给其加上一层“外衣”，也同样可以达到“甜口良药也治病”的目的。

朋友的不情之请，巧拒绝留人体面

任何人都有得到别人理解与帮助的需要，任何人也都常常会收到来自别人的请求和希望，可是，在现实生活中，谁也无法做到有求必应，所以，掌握好说“不”的分寸和技巧就显得很有必要。

人都是有自尊心的，一个人有求于别人时，往往都带着惴惴不安的心理，如果一开口就说“不行”，势必会伤害对方的自尊心，引起对方强烈的反感，而如果话语中让他感觉到“不”的意思，从而委婉地拒绝对方；就能够收到良好的效果。

要拒绝、制止或反对对方的某些要求、行为时，你可以利用那个人的原因作为借口，避免与对方直接对立。比如，你的朋友向你推销一套家具，而你却并不需要，这时候，你可以对对方说：“这样的家具确实比较便宜，只是我也弄不清楚究竟怎样的家具更适合现代家庭，据说有些人对家具的要求是比较复杂的。我的信息也太缺乏了。”

在这种情况下，朋友只好带着莫名其妙或似懂非懂的表情离去，因为他们听出了“不买”的意思，想要继续说服你什么，“更适合现代的家庭”，却是一个十分笼统而模糊的概念，这样，即使朋友想组织“第二次进攻”，也因为找不到明确的目标而只好作罢。

当朋友有求于你的时候，很可能是在万不得已的情况下才来请你帮忙的，其心情多半是既无奈而又感到不好意思。所以，先不要急着拒绝对方，而应该尊重对方的愿望，从头到尾认真听完对方的请求，先说一些关心、同情的话，然后再讲清实际情况，说明无法接受要求的理由。由于先说了一些让人听了产生共鸣的话，对方才能相信你所陈述的情况是真实的，相信你的拒绝是出于无奈，因而也能够理解你的。

例如有个人想请长假外出经商，来找一位做医生的朋友，想让对方出具一份假的肝炎病历和报告单。对此作假行为医院早已多次明令禁止，一经查实要严肃处理。于是该医生就婉转地把自己的难处讲给朋友听，最后朋友说：“我一时没想那么多，经你这么一说，我也觉得这个办法不行。”

这样的拒绝，既不会影响朋友间的感情，又能体现出你的善意和坦诚。

拒绝对方，你还可以幽默轻松、委婉含蓄地表明自己的立场，那样既可以达到拒绝的目的，又可以使双方摆脱尴尬处境，活跃融洽气氛。

美国总统富兰克林·罗斯福在就任总统之前，曾在海军部担任要职。有一次，他的一位好朋友向他打听在加勒比海一个小岛上建立潜艇基地的计划。罗斯福神秘地向四周看了看，压低声音问道：“你能保密吗？”“当然能”。“那么”，罗斯福微笑地看着他，“我也能”。

富兰克林·罗斯福用轻松幽默的语言委婉含蓄地拒绝了对方，在朋友面前既坚持了不能泄露的原则立场，又没有使朋友陷入难堪，取得了极好的语言交际效果。以至于在罗斯福死后多年，这位朋友还能愉快地谈及这段总统轶事。相反，如果罗斯福表情严肃、义正词严地加以拒绝，甚至心怀疑虑，认真盘问对方为什么打听这个、有什么目的、受谁指使，岂不是小题大做、有煞风景，其结果必然是两人之间的友情出现裂痕甚至危机。

其实，拒绝别人的方式有很多种，你可以给自己找个漂亮的借口，或者运用缓兵之计，当着对方的面暂时不做答复，或者用一种模糊笼统的方式让对方从中感受到你对他的请求不感兴趣，从而收到巧妙的拒绝效果。